U0075031

張輝誠的創新教學心法

張輝誠——著

謹以此書獻給

嚴長壽董事長　公益平台文化基金會
方新舟董事長　誠致教育基金會、均一教育平台
方慶榮董事長　亦欣企業股份有限公司

——因為三位董事長長期的支持與幫忙，
學思達才能有今日小小成果，謝謝他們。

推薦序

千辛萬苦的快樂

方新舟

在第二屆的學思達亞洲區年會中，張輝誠老師問參加教育願景的幾位來賓，在ＡＩ人工智慧的壓力下，教育應該往哪個方向走？

我請在場的七百位老師閉起眼睛，想像二〇五〇年的景象。為何是二〇五〇年？第一，現場大部分老師到那時已經超過六十五歲，開始依賴年金生活。更重要的是，今年進小學一年級的孩子，在二〇五〇年時四十歲，他們受過完整的十二年國民義務教育，進入社會服務十多年，是社會中堅、國家棟樑，但是他們的工作卻極可能被人工智慧、機器人取代。屆時，全世界人口會從現在的七十五億成長到九十八億，世界會變得又熱又平又擠。而臺灣人口會從現在的二千三百萬減少為二千萬，六十五歲以上人口佔三五％，人口結構呈倒三角形，能做事賺錢的人不到一半，即使沒有發生大災難像地震或戰爭，大家今天含淚接受的年金制度也會破產。

我相信很多人在想像這景象時，會為自己、為下一代緊張。我們確實應該很緊張，而且應該立即採取行動。畢竟臺灣沒有任何天然資源，在大環境變化這麼大這麼快的情況下，我們唯一能依賴的是用教育開發每一個人的腦礦，讓臺灣渡過難關。教育的本質，不就是希望一代能比一代好嗎？

但這事說起來容易做起來難。我們只要看幾個統計數字，無論是實質工資或會考成績，就知道我們花很多錢在教育上，但是並沒有產生應有的成效。這問題錯綜複雜，尤其在多元民主的社會，各方利益團體各據山頭，爭論不休，難有共識。

我個人認為，問題的癥結只有一點：政府效能太低，拿不出辦法解決教育投資不彰的問題。政府早就在說高齡化少子化是臺灣的國安危機，但是我們做了哪些事來降低危機呢？當人工智慧機器人兵臨城下，而我們還在用填鴨式教育教死書，未來還有希望嗎？

幸好近年有幾位老師不怕別人指指點點，也不怕被貼「造神」的標籤，勇敢地站出來大力推廣以學生學習為中心的翻轉教育，讓新的學與教模式由下而上遍地開花。其中以張輝誠老師所創的「學思達創新教學法」最受到肯定。究其原因，我認為是因為學思達跟近代腦科學所發現的有效學習方法緊密結合，因此能適用最多學科，效果最好。有興趣的讀者可以去看 Coursera 上的一門課：「學習如何學習」（Learning how to learn），就知道學思達方法是符合現代科學方法的。

輝誠老師在上一本書《學思達：張輝誠的翻轉實踐》談了很多學思達的理念，以及學思達教師們的實踐成果，帶動很多老師及家長的興趣。但是很多老師很掙扎。他們看了書、觀過課，內心非常嚮往能用學思達教他們的學生，但是他們找不到時間來刻意練習。偶爾鼓起勇氣嘗試，因為沒有人可以現場指導，怕失敗、怕耽擱學生學習，熱情很快就消失，又退回到自己不喜歡的填鴨式教學。

輝誠老師的這本新書《學思達增能：張輝誠的創新教學心法》，就是為了協助老師在有限時間內，儘速跨過教學障礙，成為學思達的專業教練。誠如輝誠老師書中所言：「臺灣任何創新教學，如果迴避了成績的競爭，也就迴避了傳統講述的明星老師、甚至是補習班所能創造出的好成績挑戰，這樣就很難從根本上改變臺灣教育」。

雖然我衷心期望這本書能協助很多老師很快地翻轉，不過以目前體制，我覺得還有很長很長的一段路要走。我想起北一女孫譽真老師告訴我的地球生物演化史：三十八億年前地球上幾乎沒有氧氣，這時藍綠菌可能就已經存在，默默地利用陽光能量，把水分子轉化成氧氣，釋放出氫離子與二氧化碳結合成醣類，成為地球生態系的重要生產者。十幾億年過去，藍綠菌產出的氧氣在大氣中積累了足夠的濃度、產生了隔絕有害紫外線的臭氧層，於是生物爆發性的演化，也才會有今天的人類。更有意思的是，有些藍綠菌被真核細胞所吞噢，成為了光合作用植物裡的葉綠體，直到今天仍在以各種樣貌寧靜地進行大氣改造。

老師就像藍綠菌，我們每一位都發揮光合作用，改變學生，學生也吸收了我們的文化及價值觀，在未來的某一代學生將會改變臺灣。這不是科學神話。大家只要看到翻轉成功的學思達老師，他們各個精神抖擻，像布農族歌謠〈負重歌〉裡說的：「縱然汗流浹背，千辛萬苦，我的心裡卻非常快樂。」謹以此向輝誠老師和所有實踐翻轉教育的老師們致敬！

（本文作者為財團法人誠致教育基金會董事長）

推薦序

用「學思達」，帶領孩子從「齊一」、「其一」走向「獨一」、「唯一」

嚴長壽

這一兩年，每當出席國內外重要場合，我可以很驕傲的說，臺灣一方面正在進行教育改革，另外一方面，我們也已經變成教育的「輸出國」了！能夠有這樣豐碩的成果，個人認為臺灣翻轉教育重要推手之一——張輝誠老師及其學思達創新教學團隊，可以說是功不可沒！我也深信，從臺灣走向華人社會，從華人社會推展到全世界，這就是學思達下一個階段的重要任務。

在過去的這一年，我跟輝誠老師有著近距離的接觸，我們或者一起工作，或者透過交流了解他心之所繫的各種教育與社會議題。坦白說，張輝誠老師真的是太不簡單！不管是對他的家人，對他的工作，或者對他所要思考、解決的各種問題，都是竭心盡力的全力以赴。讓我更心疼的是，每到了寒暑假或難得的休假時間，他一下子人在馬來西亞、一下子飛到大陸，一下子又到香港澳門，去推廣、分享他學思達的教育心得。一個在學校任教的老師，而且是一個時時把授課責任放在心中的人，花了那麼多的時間，而且都是自己課外的時間，不求任何報償地各地奔走，為的就是想把一個理念推廣到所有華人社會去。從他一個人的教學開始到今天漸漸掀起教育界的波瀾，我認為這不是只靠著輝誠老師一個人的努力，背後還有著支持他的家人，以及那麼多被他感動，也充滿熱情與理想的老師們一起默默付出，才走到了今天，這種眾人齊心，匯聚起來的力量，真的是非常感動人！

正因如此，當我收到輝誠老師在百忙之中仍完成這本新書《學思達增能：張輝誠的創新教學心法》，細讀之後發現，這是一本為所有老師而寫，能幫助每位有意願的老師在自己的課堂上實現學思達教學的實用工具書！這本書同時也是為所有家長、所有關心翻轉教育理念的人而寫，透過輝誠老師的介紹，將能更深入理解創新教學的精神與價值。

臺灣教育在過去這段時間，真是有著翻天覆地的改變，而我認為教育部在政策方面，也做出了一些調整。例如針對公辦民營學校，有了更開放的空間，讓學校有機會走出一些新的方向，這些改變都值得肯定。但是除了政策的鬆綁之外，更重要的一點是，做老師的，也要有勇氣，走出那個所謂的「舒適圈」（Comfort Zone）。面對新的一〇八課綱，必須以更活潑開放的方式適性揚才，讓每個人都能成為前導者、能夠改變。而我們每個人都承擔著重要的使命，一定要讓新的教育政策能夠落實。

美國政治家、科學家富蘭克林曾講過一句話：「多數人死於二十五歲，只是葬於七十五歲罷了。」想想現在的醫學更加進步，我們一不小心可能要到九十五歲才會被埋葬。因此每個人都必須要找到生命中的使命，不要只在意那所謂「終身」保障，更重要的是要去思考：我的生命是不是能活得更有意義。

我想大聲呼籲：請各位勇敢的面對你的生活，勇敢的把你的教育理念執行起來。我相信只要有大家的齊心努力，我們絕不孤單，無論是參與公益平台的董事及志工、在學校任教的老師、擔負著孩子家庭教育責任的家長，大家看到世界上的種種亂象，看到各種社會問題，最終都要靠教育才能解決。教育，不是從大學開始，而是從最基礎的小學、幼兒園時期開始扎根，甚至更是從家庭中家長的教育開始做起，這樣才有可能真正培養出具有自主思考能力的公民。

未來的科技社會，面臨的是電腦大量取代人力記憶的時代，孩子所面臨的競爭不再是學歷，而必須反省自己有沒有能力，在跨越國界沒有藩籬的環境，去跟全世界競爭。這時如果我們還用過去的方法來教導學生，我們勢必將要付出很大的代價。希望我們都能用務實的態度，思考如何讓孩子培養起深入自「**學**」的能力、創新「**思**」考的能力、自信表「**達**」的能力，用「唯一」、「獨一」來取代「齊一」、「其一」，讓我們的下一代能夠在世界舞台上發光發熱。為了改變台灣、改變世界、改變我們共同的未來，我相信，張輝誠老師的這本新書，可以給大家一同努力的方向。

（本文作者為台東均一中小學董事長、公益平台文化基金會董事長）

目次

推薦序——千辛萬苦的快樂 **方新舟** 4
推薦序——用「學思達」，帶領孩子從「齊一」、「其一」走向「獨一」、「唯一」 **嚴長壽** 8
自　序——一起用十年，改變亞洲教學 16
引　言——**擁抱未來——從傳統課堂邁向學思達的教師增能** 22

心法1 講義製作力

01 起點：從傳統講述邁向學思達課堂 50
02 翻轉：為什麼需要學思達講義 66
03 關鍵：學思達講義製作核心 75
04 連結：學思達如何進行講義共備 95

心法 2

問題設計力

05 客製化教學：學思達問題設計的結構 106
06 問題思考點設計：講義製作的預先考量 113
07 問題思考點設計：問題與資料間連動關係 129
08 問個好問題：個別型知識點的問題設計 144
09 問個好問題：統整型知識點的問題設計 173

心法 3

主持引導力

10 運作與引導：學思達課堂前的三個準備 178
11 對話與連結：學思達第一堂預備課 183
12 建立機制：學思達分組策略與計分機制 212

心法 4

對話**統整力**

13 修練：知性與情意相結合的師生對話及連結 236

14 觀摩：桑德爾的精采課堂實錄 239

心法 5

班級**經營力**

15 覺察：用薩提爾化解教學中的各種困難 266

開展──學思達連結網

16 擴散：跨校、跨科、跨國界的學思達連結網 286
17 外展：學思達如何推廣 301
18 傳承：學思達如何觀課 324

附錄一──學思達教師核心能力：精進參考對照表 332
附錄二──學思達連結與資源 334

自序

一起用十年，改變亞洲教學

學思達一開始，我就告訴自己，用十年時光，憑一己之力，愚公移山，傾全力努力看看，能否改變臺灣填鴨教育。

一轉眼，邁入第五年了，我還是繼續努力著，沒有放棄、沒有懈怠、沒有氣餒。

這四年多以來，我在全臺各地學校四處奔波，經常累倒在高鐵、飛機上，累積起來，總共面對過幾萬名老師、講了幾百場演講、舉辦了數十場工作坊，其中一場和葉丙成老師共同主持的整天工作坊甚至創下紀錄，共集結了兩千兩百三十六位老師犧牲教師節假日，紛紛從全臺各地來參加演講。不僅在臺灣，我也努力將學思達推廣到香港、澳門、新加坡、馬來西亞、汶萊、北京、南京、山東、廣東、杭州等地，即使疲累，但想到會有一個又一個老師因學思達而重新點燃教學熱忱，我每天幾乎都處在亢奮狀態，恨不得東西南北到處講，一點都不覺得累。

二〇一六年和二〇一七年，學思達更在公益平台文化基金會嚴長壽董事長和誠致教育基金會方新舟董事長的全力行政支持，以及方慶榮董事長（第一屆）及國教署（第二屆）的經費挹注下，成功舉辦了第一屆和第二屆學思達亞洲年會。從第一屆參與的三百多人擴增到第二屆的七百多人，海外學思達老師也從七十多位擴增到一百多位同來參加，學思達的共鳴者、支持者、同行者愈來愈多。

學思達至今已經推廣四年多了，目前的發展已經從幼兒園、小學、國中、高中，一直貫通到大學、研究所，就連醫科教授如中山醫學大學牙醫系余權航教授，都嘗試在課堂中實施學思達。學思達的實踐同時橫跨不同學科（文、理、工、藝術、甚至全民國防），可以不斷在體制內保有強大競爭力（已有實例證明可以勝過填鴨教育的佼佼者老師），也可以在體制外發揮影響力；已經開始影響都會學校，同時也可以幫助偏遠學校；可以幫助學校裡的正常教學，也可以幫助課後的補救教學；可以影響普通型學校，也可以影響明星學校，甚至影響補習班；可以在臺灣生根，也可以輸出海外、影響更多國家和地區；可以用最樸素、簡單的樣貌出現，也可以結合最新科技的各種教學工具，展現出高難度與多樣化的教學樣貌——學思達可以單純只用學思達教學法，就能獨立舉辦一個又一個大型工作坊，涵蓋不同科目，又能不斷在臺灣各地密集辦起一場又一場的工作坊與培訓坊。這四年下來，一共舉辦了幾百場演講、幾十場工作坊和培訓坊，甚至一路辦到新加坡、馬來西亞、汶萊、香港、澳門和中國大陸。

四年多來，我和高雄市英明國中郭進成老師組建臉書「學思達教學社群」，目前已經有四萬五千多位老師、家長、學生、學者進行專業教學討論；又在誠致教育基金會的資助之下建立「學思達教學法分享平台」，打破校際藩籬，共享教師教學講義。如今，學思達能力成熟的老師愈來愈多，並組成一支三十多名學思達核心老師團隊，每天在全臺各地分享學思達。同時，學思達也不斷將臺灣成功經驗推廣到海外各地，各地也逐漸出現可以在當地推廣學思達的推手老師們，例如：新加坡的陳君寶先生、陳麗仁副校長、胡容儀主任、鄧祿星老師、吳依璇老師；馬來西亞的蕭翡瑥校長、藍志東老師、王韋雯老師、林瑋寰老師、許詩潔老師；香港鄭建德校長、劉振華副校長、李振輝老師、鄭淑華老師；以及大陸東莞小牛津集團的執行長、校長和老師們，他們各自在自己的地區，持續而穩定地推廣學思達，影響愈來愈多老師一同加入學思達的行列。

四年多過去了，學思達站穩了第一步，接下來學思達的五年目標是希望可以做到：

- 持續影響、培養出更多「**學思達老師**」。
- 幫助更多老師做到「**隨時開放教室**」。
- 深化學思達各種**專業教學素養與能力**（結合薩提爾、學思達講義設計、課程設計等等）。
- 培養出更多各學科「**學思達社群領導者**」。
- 匯聚學思達老師的能量，同校之間出現一間又一間「**學思達專班**」（讓家長有機會選擇在體制內不被填鴨）。

- 打造一間又一間的「**學思達學校**」（全校隨時開放，目前馬來西亞德信中小學、以及廣東小牛津教育集團轄下的兩所學校正全力轉型為學思達學校）。

最後，我想談一談學思達的精神。

學思達的精神，就是分享模式，優秀的老師把自己變成階梯和舞臺，幫助老師走上階梯，登上舞臺，發光發熱，然後發光發熱的老師又將自己變成舞臺，幫助更多老師走上更高的階梯和舞臺，帶領出、連結出更多優秀老師，這樣將來的老師就能站在資深老師的基礎上，一代勝過一代，持續發光發熱——老師一代勝過一代，就能培養出一代勝過一代的學生。

而且學思達老師本身不斷自學、思考和表達，因此不斷精進、永保創新、又樂於分享，幫助更多老師和學生，形成一股能量愈來愈巨大的正向循環。

因為這樣的緣故，更需要大家一起共同努力，一起用學思達來改變填鴨教育，讓亞洲教育變得愈來愈好！

引言

擁抱未來——從傳統課堂邁向學思達的教師增能

學思達教學法，是一套完全針對學生學習所設計的教學法，真正可以在課堂上長期而穩定的訓練學生自「學」、閱讀、「思」考、討論、分析、歸納、表「達」、寫作等綜合多元能力。

透過教師的專業介入，製作以問答題為導向、補充完整資料的講義，掌握學生學習的最佳專注時間，不斷切換學習樣貌，透過小組之間「既合作又競爭」的學習模式，將講臺還給學生，讓老師轉換成主持人、引導者、課堂設計者，讓學習權交還學生。每一堂課、每一種學科都以促進學生學習興趣、增強學生各種能力、訓練學生閱讀、思考、表達、寫作、判斷、分析、應用、創造等綜合能力為主要教學目的。

學思達教學的五個步驟「自學、思考、討論、表達、統整」是一個不斷循環的歷程（如圖一）。一開始非常簡單、易學，而且便於複製，同時每一個步驟，又可以讓不同學科、不同能力與不同專業的老師，以及不同特質的學生，再各自延伸出不同的高度專業。

為什麼學思達可以做到？學思達真正的關鍵在於教學觀念的改變、教學能力的提升、以及教學技術的改變，其中最重要的首

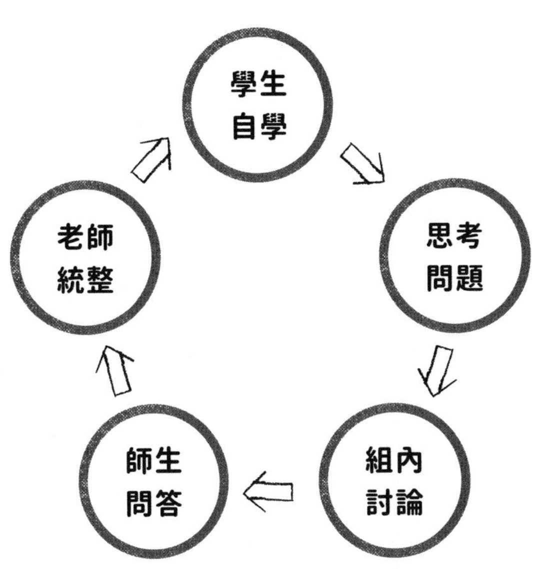

圖一：學思達教學五步驟

推「學思達講義」。學思達講義是教師專業學養的表現，老師必須將學術專業導入學習、用問答題讓學生從低階學習（記憶、理解為主的傳統教學）轉為高階學習（應用、分析、評鑑、創造），以及課堂之間頻繁而大量的師生的對話與連結……這些都是學生之所以能夠產生自學、思考、表達能力的主要成敗關鍵。

學思達並非只是單純表面字義上的「翻轉教學」，也就是所謂將傳統老師的單向「教」導授課為主，改為學生自主「學」習而已，而是還藉由教學觀念和技術的改變，進一步翻轉學生的「學習效率」、「學習速度」、翻轉學生的「高低認知目標」。學思達也不是只單純一直強調「傾聽」和「等待」，而是強調「師生對話」和「專業介入」，上課時師生表層上是透過對話和學生傳遞、交流、討論知識、激盪思考，底層卻不斷透過對話，讓師生彼此都生出內在的連結，連結渴望，相互成長；再經由教師專業涵養的介入、設計、提問與引導，幫助學生進入高速度、高效率、高品質、多元樣貌、高創造力、嚴肅學習、深刻思考的學習，同時又展現出生意盎然、活潑潑、滿盈生命力及喜樂的迷人學習現場。

學思達教室裡的角色翻轉

學思達可以訓練自學而讓學生受益，同時也會反過來讓老師受益，讓師生走向共同成長。原因在於：

1.老師會從課堂上的「男、女主角」，升格轉為「主持人」、「導演」與「劇本家」

老師上課一旦採取單向講述為主，很快就會發現，自己變成課堂上的男、女主角，學生的眼光必須全部集中在老師身上，老師成為課堂上動見觀瞻的對象，而這也是一般老師畏懼開放教室的主因之一，因為老師並不覺得自己是最佳男女主角，所以壓力倍增。

傳統單向講述的老師，課前會不斷仔細準備上課內容，強化自己的口說和解釋能力（如果還有一點表演能力就更好了），課間就是讓自己使出渾身解數、發光發熱，好讓學生如癡如醉。在這種模式之下，久而久之，老師口才會愈來愈好、能力也會愈來愈強，也許學生的知識量確實增加了，但學生的能力常常是不動如山——這樣的老師其實很容易被取代，如果補習班的老師教得更好、網路教學影片教得更好，學生就會一窩蜂往這些教得更好的人靠近。

但是老師一旦升格為導演，相對而言，就不太容易被取代，老師可以引導讓學生閱讀最專業的觀點、觀看最好的教學影片、思考最好的問題，讓所有的資源都變成我可以調動和運用的教學利器，這樣就不用再自己一個人花了九牛二虎之力獨撐大樑、一人扮唱獨角戲，事倍功半，而是萬事萬物皆為我用，我是導演，我可以選擇用、如何用、當然也可以選擇不用，主導權在教師手上。

老師轉換為導演和劇本家，這個過程很迷人，老師就會開始認真考量課堂的流程、時間的控制、效果的高低、教學工具的使用與切換、學生的反應與回饋……，通通都會進入老師的課前規劃、籌備。一旦進入課間，老師就直接化身為主持人，實踐導演所有的規劃與理想，開始和學生展開知識的探索、對話的碰撞、情感的交匯。老師的位階提高了，就不容易被取代，因為補習班老師不會這樣教書。無論網路教學影片教得再好、網路資源再豐富、時代再怎麼變化、知識再怎麼激增，老師都可以拿來成為教材的一部分，只要老師會搭配「問題和補充資料」，幾乎沒有什麼東西不能成為老師上課的教材和內容。

實施學思達成功與否，主要是以「能否隨時開放教室」為標準，這一點很奇妙，為什麼學思達可以做到？原因就在於，學思達讓老師的位置改變，從男女主角升格，在課堂上化身為「主持人」，即使有要擔任男女主角的時間也很短暫（只有在進行「統整」時），在課前擔任課程設計之「劇本家」與「導演」，然後把舞臺還給學生，把學生訓練成最佳男女主角。

這樣大家就能明白，為什麼學思達要隨時開放教室，因為唯有觀眾才能不斷訓練男女主角的膽量、臺風、機制和反應，終至成材——這裡當然有一個風險存在，如果學生表現不盡理想，甚至上不了臺、露了醜、出盡洋相，該怎麼辦？這時候老師的應對能力就顯得非常重要，讓學生感受到即使遭遇挫折、遭遇困難時，老師依然包容他、愛護他、支持他。而這也是學思達老師為什麼如此需要「薩提爾」的主因，也是學思達老師學習「薩提爾」效率極高的主因，因為每天幾乎都在「刻意練習」。

2.老師會從「課本的傀儡」，轉變成「課本的主導者」

傳統講述為主的老師，課本寫什麼，老師就先設法弄懂這些，然後在課堂上教到學生聽懂為止，這個過程基本上就是「理解」層次，而且幾乎都會受限在「教科書」本身，老師「理解」了課本知識，再教會學生「理解」，老師除了傳遞低階的認知目標（依照布魯姆的認知六目標而言，而且理解效果還會出現遞減），還會變成「課本的傀儡」，課本寫什麼，老師就教什麼。

但是學思達老師面對教科書就有很多可能、很多變化：

首先，老師面對教科書的內容時，除了理解之外，也可以設計問答題讓學生進入更高階的認知目標，讓學生可以「分析」、「評鑑」、「運用」、「創造」。例如我很敬重的臺南教大附小溫美玉老師，她分享出來的各種精彩教案，就是以教科書為基礎，展開各種高階認知目標的訓練與達成。換句話說，她是教科書的主導者，不是教科書的傀儡，教科書只是她的一個起始點工具，溫老師甚至經常拋開教科書，進入她結合課程各種新知識點與創造力的全新教學歷程與內容，她讓學生進入更驚人的各種高認知目標，展現出無窮的創造力。

再者，老師也可以利用「補充資料」的方式，一邊搭配著教科書的知識點，除了提供詳細注解之外，也可以補充一個到數個與教科書上不同的觀點，設計出問題讓學生比較，如此便可以訓練學生「評鑑」和「分析」；當學生自學速度增快，就可以增加更多教科書之外的額外資料，教科書的重要性也就會慢慢降低，因為學生能學到比教科書更多的知識、更高階的認知目標。當然，老師也可以將教科書知識點結合真實世界，設計出應用型的題目，讓學生「真實運用」與「創造」的訓練。

學思達，可以讓老師從「教科書的傀儡」，轉變成「教科書的主導者」。唯有老師成為「教科書主導者」，老師的專業才能真正掌握在自己手上，而不是掌握在教科書的編輯者手上。

3.老師會從「單一講述」，轉變成「師生頻繁對話」

傳統老師講述為主，自然就不會在課堂上和學生對話，一有對話通常是出現在閒聊、或者指正學生行為，課堂上大多時候只是充斥著老師一個人的聲音，而且整堂課從頭到尾都是如此。

學思達剛好相反，課堂上是以「學生自學為主」、「師生對話為輔」，老師和學生之間有頻繁的師生對話。對話的原因，在於學思達老師設計問題和講義給學生，讓學生來回答，一方面核對思考成果，另一方面又為了確定學生的思路、確定學生對於細節的掌握程度，所以師生對話時，老師必須擁有穩定的身心狀態、平和的應對姿態、靈敏的反應、良好的主持能力、寬廣的知識能力。

師生頻繁對話的同時，表面上是知識的討論與交流，但同時在底層又是師生之間情意的連結與交匯（這點又再一次說明薩提爾有多重要），時間一久，連結愈來愈緊密，課堂就會出現一種迷人的教學氣氛，課堂就彷彿學生的家庭一般親切、溫暖而動人。

師生對話的同時，也會讓老師不斷成長。因為老師設計出一個問答題之後，無論是封閉型的問題（有標準答案）或是開放型的問答題（沒有標準答案），老師心中總已預設了一個或數個答案；但當學生答出來的答案在老師預設答案之外（千萬不能忘了每一個後來的學生都是新世代的小孩，他們生活的世界和思維都是全新的），而且老師用專業判斷之後，覺得比自己預設的答案更好，這時老師通常很難不激動、不感動，因為學生的答案回過頭來開闊了老師的觀念和視野，如此一來，師生便會一起成長。

4.老師會從「停滯學習狀態」走向「終身持續成長」

傳統講述為主的老師大約十年教學會走向成熟，教學熱情卻可能會下探到谷底（這是我的觀察，當然未必對、未必準確，大家可以參照看看）。

我且以國、高中教學三年一輪為例說明，頭一輪教書，第一年到第三年，老師會很認真備課，戰戰兢兢，誠惶誠恐，一方面充實自己學術專業知識、一方面鍛鍊自己的口才和班級經營能力；到了第二輪，也就是第四年到第六年，備課時間可能只需要第一輪的一半不到，口才和班級經營能力也開始穩定下來（第一輪不好的地方可以在第二輪得到修正）；到了第三輪，基本上，備課時間大幅度減少，甚至上課前只要瞄一眼即可，口才也已經愈來愈好，班級經營也漸上軌道；到了第四輪，也就是第十年，老師基本上不用備課了，連講笑話讓學生笑得東倒西歪，老師自己都不會笑了，班級經營也日漸上手。這時候出現了一個驚人交叉，很可能老師連教科書都不看了，甚至連書都不看了——倘若真是如此，意味著老師就會停滯在不再看教科書、不再看書的某一個時空點。不幸的是，學生卻是不斷更新著，老師很可能會用某個停滯不動的時空點，一直面對全新世代的學生、教導他們，久而久之就可能會形成一個新、舊時空持續拉扯的衝突（當然，這只是我的觀察，未必是對的。）

學思達迷人處就在於，當學思達老師要教學生自學、思考、表達，自己就必須先自學、思考和表達，一旦老師進入自學，開始設計問答題、製作學思達講義，老師必然就會進入搜尋資料、大量閱讀、文字注解、創造、思考、設計問題等自學過程；老師要訓練學生有高階認知目標，老師必定也要先擁有高階認知目標的這些能力。這些過程都讓老師不再只是「理解教科書」而已，而是「主導教科書」，而且會展現出教師強大的學術專業、學養、思考力和創造力，並且學思達講義會隨著學生的程度與反應、時代的發展、考試的變化、知識的推陳出新，而不斷更新與精進。換句話說，老師也會因為不斷修訂學思達講義而持續精進與成長，形成一個正向的循環，內在充滿動能和成就感。

成熟的學思達老師最明顯的特徵就是「熱情洋溢」，並且會「終身持續成長」，都和上述這些結構有關。

學思達講義的特殊效益

學思達老師編寫講義，還有什麼特殊效益，我想再從老師的角度多談一些。

1. 與課本平等對話

編寫學思達講義，可以讓學思達老師和課本進行對話。這裡所謂的課本，其實就是「編寫課本者」所代表的思維、選擇，當然也包括其侷限。

過去老師授課，基本上就是全然接受課本的思維與選擇，依照章節先後，一章一節，一課一課，一學期一本，一冊又一冊授課。老師們沒有能力可以決定哪個年級該學什麼，因為編寫課本的權力被預先奪走、決定了，決定者是教育部的課綱（決定了「編寫原則」），以及出版社邀請來的專家學者或現場老師所編出來的課本（決定了「出版物」），老師們大多只能默默接受，即使有選擇不同出版社和出版物的權力，但基本上還是已經受限於教育部的課綱思維，以及單一出版社的教科書成品（除非有老師願意拋棄教科書，自己編寫講義，這在臺灣還是少之又少，目前風起雲湧的實驗教育便開始嘗試這些）。但是學思達老師編寫講義，終於有機會可以改變這種狀況。

首先，即使學思達老師仍舊依照「課本」來進行教學，但卻可以補充更多相同的延伸資料，當然，也能補充相異觀點、甚至完全不同思維的其他資料，如此一來，老師就會用自己的專業能力與判斷，和課本進行對話與交流。

當學思達老師補充愈來愈多課本之外的資料、設計出愈來愈好的問答題，就已經開始和「課本」產生對話。這和之前的課本「接受者」（下對上）不同，學思達老師搖身一變，變成和課本是「平等關係」的「對話者」——學思達老師通過自身的思考、對話和表達，讓教科書變得愈來愈多元、豐富、立體！

2.提高學習位階

學思達老師製作講義，終於有機會可以擺脫傳統單向式口述上課時，大多只能聚焦在教會學生「理解」、培養學生「理解能力」的侷限上（加上學生考試不能看書，不斷訓練學生「記憶力」，臺灣國高中小學生基本上都過度側重在「記憶力」和「理解力」的訓練上）。

學思達老師如果能夠設計出好的問答題，就有機會可以將學生的「理解力」和「記憶力」的過度訓練，抬升至更高階的「應用」、「分析」、「評鑑」和「創造」等等認知能力的訓練，臺灣的學生也才有可能在學校接受更好的學習品質、提升更高的學習位階、培養出更多元的能力。

3.實現差異化教學

當學思達老師教過完整一輪，編出所有講義之後（如國中三年、高中三年），除了會繼續精進改良講義之外，同時也會開始意識不同程度學生應該擁有不同講義，於是又開始編出「上」和「下」兩種程度的不同講義，甚至又製作出「上、中、下」三種不同程度講義，甚至更多不同需求的講義（超前進度、正常教學和落後進度者，又或者像「考上大學」和「還沒考上大學」兩種截然不同的講義）。

為什麼學思達老師會編出這些不同講義？除了滿足不同學生之不同需求外，另一個重要原因則是：學思達很快就會發現學生的學習速度開始產生差別，有的快、有的慢，學思達教學可以根據教學現場，做出調整，能夠在同一時間（上課）與空間（教室），教導三種到四種完全不同內容的課程（如果再搭配翻轉教室的「教學影片」就能做到完全「個別化學習」）。為什麼學思達能夠辦到？原因很簡單：學思達老師輪流到各組去聆聽學生發表、進行統整，其他組別的學生會自動進入自學和討論，各自得到需求與照顧。唯一忙碌的人是——老師；得到最佳的學習對待的卻是——學生。

換言之，學思達老師設計講義，最後一定會走向因材施教、差異化以及特製化。

4.課本的解構與超越

當學思達老師編完所有任教課程的講義之後，很快就會發現，除了愈來愈精進講義內容之外，愈來愈多的補充內容會慢慢稀釋掉課本內容、慢慢架空課本內容，逐漸進入一個愈來愈龐大的知識體系，遠遠超過原本傳統上課所能傳授的課內容。並且漸漸發現，好像沒有課本也沒有關係了，課本只剩下是一個知識的起點、知識的導引，而不是知識的全部，更不是知識的終點（臺灣教育常常讓學生讀完課本之後，就成為某類學科知識的終點，學習興趣遭到傷害），學思達老師會進入另一個「解構課本」的階段。

解構課本的過程，一開始是因為學生閱讀量大增，補充資料和知識愈來愈多，學生多元能力不斷增加，老師又會另行開始編寫全新講義，除了滿足學生最後統一考試需求之外（這是教學必須面對的現實），還會再朝向培養學生愈來愈多、愈來愈強的能力而設計，慢慢就會和現實生活的能力連結在一起，編寫出愈來愈多務實的、深入的、實際的、專業的、學術性強的不同講義（根據老師的專業、能力和關注點不同而有異），講義開始百花齊放，各顯所能。

然後，學思達老師就會發現，他們已經有能力重新打造學習內容、決定學習進度和學習方式。很快就會進入「解構課本」，依照自己的方式，拆解課本的內容，甚至完全拋去課本，自行編寫自己所需要的課本，而且效果比採用別人編好的課本來得更好！

傳統教師的基本教學能力

首先讓我們來看看，傳統單向口說講述式的老師授課時需要哪些能力？我認為必須具備三種最重要的基礎能力：

1.備課能力

表現出老師的知識學養。

2.口才能力

尤其側重解說能力，最好能把各種知識（或者「考試重點」），有條不紊、言簡意賅、清晰易懂、高效率地解說給學生聽。如果老師能表現出好口才，還能帶有一點表演能力，那就更好了！

3.基礎班級經營能力

單向口述教學者的班級經營，通常會偏向「高壓獨裁管理」，因為學生上課必須表現良好，不能有不良的學習行為出現。高壓獨裁管理方式，最容易看到立即成效，我常戲稱之為「暴君式班級經營」；另一種則是「無所謂管理」，老師對學生種種不良學習行為，裝作沒看見，視若無睹，只希望能夠順利趕完進度就好了，我則戲稱之為「昏君式班級經營」。

當然，傳統單向口說講述式的老師還是能夠進行良好的班級經營，只是一旦老師進入單向口說講述過程，班級經營通常就會不自覺地建立在「學生自身行為的壓抑上」（學生上課不能講話、不能走動、不能滑手機、不能吃東西、不能睡覺……），班級經營的重點也就落在如何讓學生保持長時間的克制與壓抑之上。

學思達老師的進階增能

至於學思達老師需要具備哪些能力？我認為除了傳統講述老師該有的「備課能力」、「口才表達能力」和「班級經營能力」之外，還需要一些非常重要的其他能力，茲條列敘述於下：

1. 講義製作力

學思達教學現場，學生之所以能夠「自學」（自主學習），完全建立在良好的講義製作的基礎之上。學思達講義，提供了學

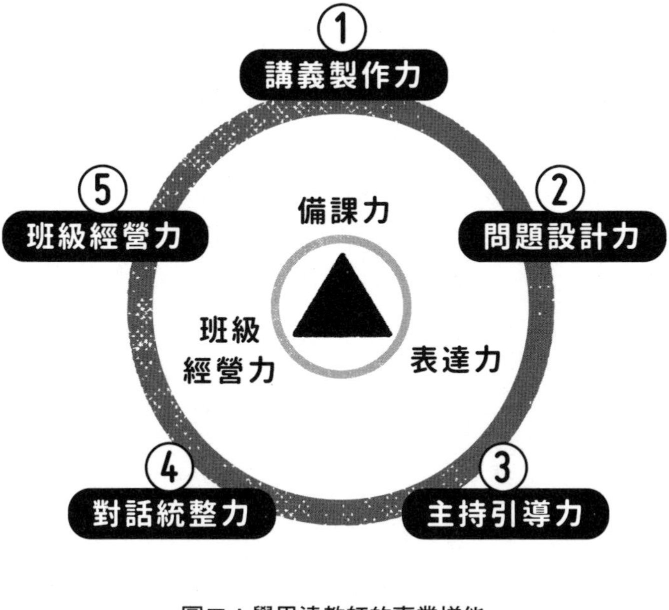

① 講義製作力
② 問題設計力
③ 主持引導力
④ 對話統整力
⑤ 班級經營力
備課力
表達力
班級經營力

圖二：學思達教師的專業增能

生自學最重要的起點，一方面補足課本不足之處，另一方面又不斷訓練學生閱讀、理解、以及尋找答案的能力，同時又不斷強化學生之閱讀廣度和深度。如此就能知道，學思達老師編製講義的能力有多麼重要。

編製學思達講義的重點，完全建立在老師專業能力與專業判斷：課本有哪些地方需要補充注解？哪些不需要？補充注解時應該如何呈現？上課老師原本要解說的話需不需要轉成文字呈現？若需要，應該如何呈現？如果要讓學生保有最佳的學習時間效應（國小生只有五至十分鐘、國中生只有七至十五分鐘、高中生只有十五至二十分鐘），自學內容應該如何切分成小單元？學生如果還沒有自學能力，需不需要將自學範圍減少、困難度降低？講義編寫需要不要由易而難、從簡到繁、由淺至深？每份講義需要達到何種目標？每份講義要訓練學生何種能力？需不需要將評量融入講義之中？要不要借助影片或其他科技？影片要自己錄還是用現成的？自己錄要怎樣錄？用現成的去哪裡找現成的又品質良好的？……諸如此類，學思達老師編製講義時，都必須耗費心神，不斷琢磨，仔細考量。可見，編製學思達講義是老師能力的重要展現，也是學思達老師必須不斷增強、鍛鍊、精益求精的能力之一。

二〇一六年四月，在人大附中有一場蘋果電腦長期贊助的「資訊融入教學創意教師研習會議」，這群創意教師每年會定期在全世界各地開會，來自臺灣的楊光昱老師就是其中一位，他和來自香港、新加坡、杭州、江蘇的老師都很熟稔，且讓我戲稱之為「蘋果派」，這群教師熟巧地運用 mac、ipad 和蘋果提供的平臺融入教學現場。這種信息化（資訊化）教學會議為什麼會找學思達的我去演講？而且演講完之後還引起很大的迴響？這才是其中奧妙關鍵處。我認為，不論工具怎麼樣改變，誘發學生學習動力、訓練學生各種多元能力的目標並不會有任何改變，學思達正好是可上可下之法，往上可以不斷創新、結合各種最新進的教學工具、往下也可以完全不用任何科技設備，只需要最簡單的文字資料。但是，不論工具如何新穎、變化，教學本質幾乎都離不開學思達。

當時，在香港第一個開始推廣翻轉教室的夏志雄老師，也在北京聽完演講之後，非常希望我也能到香港演講。我在七月時到香港匯基書院辦學思達工作坊（劉華副校長主辦，吸引了來自全香港各學校共三百多位老師參加），夏老師也來參加工作坊，夏老師是香港第一批翻轉教室的先行者，他為什麼還會被學思達感動，也是同樣的道理。

2.問題設計力

學思達講義之好壞的另一重要關鍵，就是問答題的設計良窳。

講義上的問答題可以誘發學生好奇心、刺激學生思考。對學生而言，問答題的考法比選擇題難，因為沒有四或五個選項可以選；對老師而言，則是一方面顯得相對友善，因為老師不用再出選擇題，不用再挖空心思想出數個充滿高誘答力的選項（好讓學生掉入陷阱，責怪學生不夠小心。可是同時又把老師自己的險惡用心，表露無遺）。但另一方面，出問答題對老師又顯得生疏，因為老師的成長、師培過程卻很少有機會接觸如何設計問答題，也就不太容易掌握出問答題的方法、技巧、以及思維。所以，增強設計問答題的能力，是學思達老師編製講義、設計出適合的好問題，顯得格外重要。

3. 主持引導力

過去傳統講述的教學過程，有一個主要特色就是不斷告訴學生答案是什麼，或者不斷向學生解釋答案是怎樣產生。學思達剛剛好相反，老師什麼都能告訴學生，就是不能告訴學生答案。所以老師要學會如何更有效率、更簡潔地、更深入核心的提供線索、暗示、引導，來讓學生自己想出答案。這時候，老師的引導能力好壞，在學思達教學現場就顯得異常重要。

過去傳統講述教學，老師經常是課堂主角，鎂光燈聚集之處，老師要做的事情，就是在課堂講臺上淋漓盡致地演出，搏得滿堂彩。但學思達教學現場，老師恰恰好相反，老師離開講臺，化身為主持人，讓學生成為課堂學習的主人、講臺上的主角，老師只在一旁盡力主持著，主持上課學習的所有流程、節奏和氣氛。老師必須學會各種主持技巧、炒熱學習氣氛的能力，有時老師也不妨化身為吳宗憲，說一句：「請同學們掌聲鼓勵鼓勵！」如果大家不喜歡憲哥（我是很喜歡憲哥的），後文我還會舉更多實例談如何引導，其中有一位是哈佛大學邁克・桑德爾教授，大家應該就比較不會排斥了。

4. 對話統整力

當學思達教學現場，學生們陸續上臺表達，說出自己針對問答題所設想出的各種答案，老師聆聽完學生所有回答之後，必須迅速統整，同時深化、加廣、邃密、抬升……，老師必須在最短的時間做出反應、整理、回饋。整個過程必需要高品質、高效益、高吸引力的短講及統整能力。這也是學思達老師必須具備的重要能力，攸關學思達現場會不會淪為學生之間空泛、淺碟式、沒有標準答案、沒有收穫的討論之成敗關鍵。

5. 更強大的班級經營力

傳統講述上課現場，學生大多被迫處於壓抑狀態；但是學思達教學現場，學生會進入頻繁學習狀態切換的狀態，學生可以講話、可以轉動身體（也可以走動）、可以滑手機（要查找資料），甚至可以吃東西、睡覺（學生身體狀況不佳，老師可以允許學生睡覺，因為學生手上有講義可以自行重複學習、補救學習），課堂氣氛活化之後，老師就需要更強大的班級經營能力，如果沒有，課堂就容易演變成失控、混亂狀態；但如果班級經營得當，教學現場就會進入一種動靜分明、專注熱情、愉悅美好的狀態。所以學思達老師需要更強大的班級經營能力。

傳統講述教學，老師上課忙著追趕「教學進度」，不容易有時間可以和學生進行對話。若有學生需要輔導，大多也只能利用下課、早自習、中午或放學後時間進行，時間相當有限。但是學思達現場，老師每天都能趁著學生自學、討論或發表時，和學生進行對話，都能和學生交流，當然也就能夠有更多的時間來輔導學生。學思達教學現場，會有愈來愈多時間讓師生進行對話，老師與學生之間的溝通、對話品質就異常重要，還有，老師還需要更強大的溝通能力以及輔導能力。

在我的上一本著作《學思達：張輝誠的翻轉實踐》中，介紹了我的學思達心路歷程、學思達的教學五步驟設計，以及學思達夥伴們努力耕耘的成果；而在這本書的以下章節中，將詳細說明如何培養學思達教師需要具備的上述五種能力。這五種學思達教師專業增能，能夠幫助老師在自己的課堂中良好的運轉學思達教學五步驟，依照自己的專業學識及教學理念，實現屬於自己的學思達課堂（見頁四十八，圖三）。

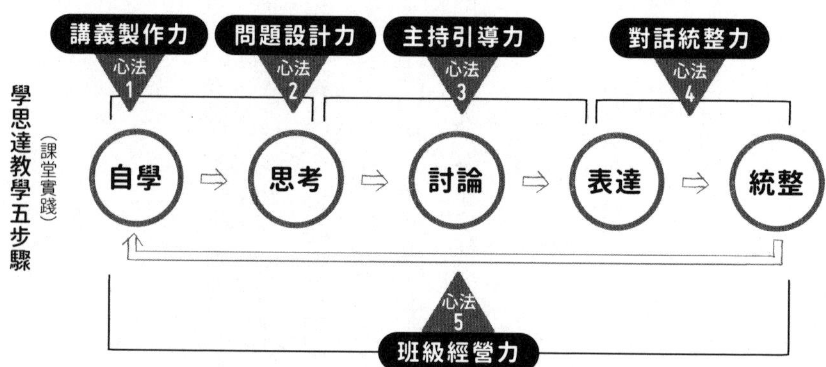

圖三：學思達五項增能是運作學思達課堂的基礎

心法

1

講義

製作力

You got it!

01

起點

從傳統講述邁向學思達課堂

傳統單向式講述上課方式，依賴老師在教室現場用口頭單向式提供知識。在這種傳統的教學模式下，師生之間經常存在著資料的不對等關係，例如老師講課前會事先準備好的備課資料，往往是抄錄自教師手冊、備課用書、大學專業書籍、網路資料等等，因此永遠比學生的課本資料多更多，得以在課堂上講解和補充。然而，隨著當代科技的不斷進步，這樣的模式愈來愈遭受到嚴峻挑戰。

當代學生隨手用手機、用電腦上網，就能查到比老師備課用書多更多的資料，甚至網路上的教學影片都開始教得比老師好、有趣、活潑、專業且吸引人，而愈來愈成熟的線上評量系統，也比學校的考試更高效率、更快知道學習成效。影響所及，從小學到大學，教學影片、線上評量系統瀰天漫地出現，知識無所不在。

當學習行為隨時隨地都可以發生，老師壟斷知識的優勢正在快速消失，甚至連學校的功能也開始遭受挑戰與解構，例如全世界第一所沒有任何實體校園的「米諾瓦大學」（Minerva school）的出現就是一個重要趨勢。這些現象都指向同一個重點：培養學生的自學能力，是學校教育、教師教學的當務之急。

只是很不幸的，學校教育和教學現場卻經常是背道而馳。

傳統單向教學對學生自學能力的損害

我一直認為亞洲教育走向填鴨當道（老師從頭到尾單向式講述的教學方式），是由三個環環相扣的支柱組成，分別是「單向講述」、「密集考試」加上「教科書的誤用」。

老師一旦選擇單向講述，密集的小考便隨之而來，這兩者是學生結構，因為老師在單向講述後無法得知學生學習成效，只好不斷利用各種考試來確認。在長期重複講述與考試之下，會讓考試成為學生學習的主要動力，造成老師常常感嘆「不給學生考試，學生就不讀書」的窘境。當學生習慣沒考試就不讀書，一旦離開學校往往就會是學習的終點，於是學校和老師反而成為摧毀學生持續學習的最大元凶。

當填鴨的「單向講述」加上「密集考試」，「教科書」也就跟著一起無辜受害。三者結合起來就會嚴重危害學生的學習方式、閱讀能力與學習興趣。為什麼說「教科書會無辜受害」呢？試分析如下：

1. 缺乏自學能力的養成

教科書上的資料嚴重不足，導致學生無法自學（還因此造福了參考書業者），老師上課時只好耗費絕大多數時間，用在補充課本上不足之資料，好讓學生能夠看懂、聽懂。因此，學思達訓練學生自學的首要關鍵，就是老師應該如何幫助學生可以自己看得懂教科書。

2. 缺乏大量閱讀習慣與能力的養成

一本教科書通常需要一學期（五個月上下）才能讀完，幾乎每堂課約莫只能讀一到十頁不等。這個現象意謂著：學生在學校失去了長期、頻繁、快速閱讀完一本書的訓練與能力養成，同時也就失去了在學校訓練大量閱讀習慣和能力的機會。

教科書當然不是全世界，是老師把全世界限縮在教科書當中，讓學生關押拘束在教科書的井底之下，看不到真正的世界。唯有大量閱讀，才是比較健康的閱讀與學習模式，更是學生離開學校之後，進入社會的真實學習狀態，老師要在學生進入社會之前訓練出學生有大量閱讀、主動搜尋及判讀資料、深入思考理解的習慣和能力，而不是在學校反被破壞殆盡——學思達迷人處就在於：學生自學能力一旦養成，就能加速學習，實際學習的知識量往往會超越教科書的內容好幾倍。

3. 偏重低階記憶，缺乏高階認知能力的養成

因為考試不能看書，所以教科書的內容幾乎都要背起來。這意謂著：學生的學習並非

在閱讀，而是背書。從布魯姆（Bloom）認知目標的角度來看，這種訓練的只是「記憶」，也就是最低階的認知能力。更不幸的是，假使我們的學生花了十二年不斷訓練「記憶」、「理解」等低階認知能力，而且用最高效的方式，能一字不漏、把每個知識點都背下來，但將來照樣會被機器人所取代和淘汰。人工智慧程式「AlphaGo」打敗世界圍棋冠軍，意味著人類在「分析」和「評鑑」的能力也開始遜色了；而人類在未來能夠長久保有優勢的，只有「應用」和「創造」。所以在教學現場應該以「記憶」、「理解」、「分析」、「評鑑」為基底，不斷訓練學生各種「應用」與「創造」能力，這個大方向的主軸可能才是教學轉變的當務之急——學思達正可以掙脫記憶的枷鎖，不斷在課堂上訓練學生各種中、高階認知能力。

4.缺乏批判思考與判斷力的養成

傳統講述、記憶為主的教學，背後的預設是「教科書上的知識全都是對的」。這意謂著：學生會失去了多元觀點的接觸，同時也失去了分析和評鑑的能力訓練——學思達老師經常有意識地透過學思達講義來補充各種多元觀點，甚至錯誤的資訊，讓學生在課堂上判讀、討論、表達，藉以訓練學生的批判思考與判斷力。

5.缺乏社會興趣與開創能力的養成

教科書通常是去年或前年，甚至是更久之前編寫完成。這意味著，最新的知識、學生當下時空的事件和內容，並不會出現在教科書當中，學生也就一直背對著時代發展、望向過去，難以真正在學校教學現場中立足於當下，更不用說要轉過身來去面向未來了。因此，學思達老師經常在學思達講義當中，補充最新的、當下的事件和知識，讓學生學習過去的既有知識的同時，還能一直關注於當下與未來。學思達老師就是要擔任這個重要角色，連結教科書與當代的時間落差，訓練學生從低階能力轉向高階能力，引領學生學習過往、立足當下、勇敢朝向未來。

傳統單向講述教學方式，再加上教科書的學習與閱讀方式，每天都在學校內進行著，學生的閱讀能力、習慣與興趣，以及理解、分析、評鑑、應用、創造等能力，便難以在學校被訓練出來——結果還可能更慘，最後訓練出來的學生很可能變成「厭惡閱讀」、

「厭惡學習」！

學思達就是想要改變、甚至扭轉「單向講述」、「密集考試」和「教科書誤用」這三者結合起來看似合理又穩定的惡性結構。學思達可以做到不填鴨、可以做到完全沒有坊間小考測驗卷、可以做到以教科書為基礎大幅超越數倍教科書的內容和知識，還能滿足學生和家長對分數的期待（甚至超越明星老師填鴨出來的成績），更重要的是並能透過長期、頻繁、大量而專注的閱讀來培養出學生自學的能力。

張輝誠的教育思索

雖說臺灣有許多老師傾全力投入在推廣「閱讀」，但是我必須很直截指出來，比起學思達真正每天在課堂上各學科之嚴肅、專業、深入的閱讀，這些推廣式的閱讀絕大多數很可能只能算是「點綴」。

真正要能改變臺灣學生閱讀習慣和閱讀能力的養成，必須依賴每天在學校每一節課，長期、頻繁而且大量的閱讀、思考、討論和表達，臺灣學生的閱讀能力和習慣才有可能被大規模的提升和培養出來。

學思達老師如何幫助學生展開自學

針對「單向講述」所導致的弊病，學思達老師的因應之道是：

首先，只要老師選擇採用整堂課全部單向講述的上課方式，學生馬上失去了自學的機會（除非學生上課時不聽老師講課）。因此老師教學方式的改變與否，正是學生能否開始自學的重要關鍵。老師願意將全部單向講述的教學方式，慢慢逐漸減少時間，最終轉向全自學的學思達模式，這樣學生在課堂上才能有愈來愈多的時間和機會可以展開自學。學思達的上課模式，一開始都是「自學」，主軸也是自學，所有上課流程：自學之後的「問題思考」、學生之間的「討論」、「發表」、「教師統整」，目的都是為了鞏固、強化和深化自學，培養出學生的自學能力、同時又不斷提升自學效率、順便培養出各種多元能力。

其次，教科書的資料嚴重不足，也會成為學生自學的初始障礙。因此，老師如何運用各種資源和工具，幫助學生順利自學，也成為老師在備課時的最重要核心考量。教科書資料嚴重不足，老師便要用自己的專業與能力，判斷需不需要幫助學生順利自學。如果需要，老師需要結合哪些資源和工具，快速且高效地幫助學生自學。如果不需要，老師又必須判斷這樣的自學障礙，需要花費學生多少時間去克服（學生有時間嗎？），克服的過程，可以訓練出學生何種能力？再者，同樣的訓練需要一而再、再而三地頻繁的訓練嗎？這些考量都是學思達老師在幫助學生展開自學時必須完整想到的。

再者，大多學生缺少自學的能力、自學的習慣和自學的效益。因此老師必須意識到幫助學生訓練其自學能力、習慣，並同時提升其自學效益。學思達老師專注於「大多學生缺少自學的能力、自學的習慣和自學的效益」的現實，並且知道這是學生面向未來學習的關鍵能力之一，因此學思達老師必須殫思竭慮、結合專業、長期穩定而頻繁地訓練學生自學能力，讓學生不斷積累出愈來愈堅實的自學能力。

如果我們把「自學能力的養成」當作教學主要目標與核心，自然而然就會轉向「以學生學習者為中心」。當把教學的主體從老師身上轉向學生，不僅帶動著老師的教學方式改變，另一個關鍵的改變在我看來，就是「教師專業的改變」。

對學思達而言，所謂「以學生學習者為中心」的概念之所以能夠成立，其基礎是完全來自於「教師專業的展現、支持與引導」，兩者缺一不可。而這樣的結合，又完全指向通過老師的專業，不斷培養、累積、強化、增能學生的自學習慣與效能。

學思達教師如何激發學生自學動力

長期在填鴨教育現場底下的學生，永遠只能被迫地聽老師單向講述，上課無須自學，很快就失去了自學能力的習慣培養和能力養成；至於放學之後的自學，大多只是為了應付明天的考試而被迫自學，重點又多只放在記憶和理解。

對於這樣的現象，多數老師不在乎，甚至連學生也不在乎。這也是學思達老師要開始訓練學生自學能力時，一開始最常見的困難點：學生不想，或不會，或不習慣，甚至反彈自學，而且學生在學校被填鴨時間愈久，愈不習慣自學。至於成績愈好的學生，也常對自學出現反彈，原因是他們大多是填鴨教育的得益者，習慣被填鴨、甚至樂於被填鴨。

然而，真正能讓學生持續學習、終生學習的關鍵在於：老師能否透過課堂重新激發對知識的好奇、自主學習的習慣、探索答案的內驅力、結合及運用各種學習資源的能力，以及發揮出應用知識及創造的能力。因此學思達的起始，就是透過學生的好奇心，主動探索，然後再結合小組間的討論與資源，最後再進行上臺的同學、老師與全班同學之間的共同討論，周而復始地不斷回饋、刺激、重複、增強學生的自學能力：

1.透過提問引起好奇心

好奇心是人類共有的天性，也是最容易驅動學生自學的關鍵。而學生的好奇心最簡單、快速被誘發起來的方法，就是老師在課堂上直接反問學生問題。學生一旦接收到了問題，好奇心很容易就被誘發起來。

2.閱讀教科書或資料

學生的好奇心一旦因老師的提問而被誘發起來，便很想要知道問題的解答，老師便可以運用這個「求解」（渴望解答）的動力，引導學生開始閱讀教科書或資料，讓學生到資料中自行探尋答案。

讓我們在這裡先停頓一下，讓學生直接閱讀教科書或資料，學生不一定能看得懂，所以老師就必須站在學生的角度重新審視教科書內容，有哪些地方是學生看不懂的，老師必須判斷：需不需要幫助學生看懂？透過什麼樣的方式來幫助學生看懂（如補充注解、影片或親口說明）？或者需要提供給學生其他補助工具（更多書籍、平板、網路、教學影片）？然後又要幫學生想：學生有這些工具嗎？若有，應該如何善用？若無，應該如何幫助學生補足工具？或者，如何用其他方式替代？這些都是老師必須幫助學生先預先設想好的。

3.分組和正向競爭機制

當然，光靠「設計問題」和「補充足夠而完整的自學資料、影片或工具」，可能還不足以形成長期而穩定的自學動力，因此學思達又加入「分組」和「正向競爭」機制。

「分組」可以讓學生有團隊合作、相互幫助、相互教導、相互討論，甚至程度好的學生教導程度弱的同學。當然，這是理想狀況，也是學思達成熟之後的真實景況。但邁向成熟之前，可能就會先遭遇到許多真實的困難點：學生不想自學，也不想討論、不想合作、甚至不願意教別人，或是教別人卻教不來、學不會，由此而逐漸產生的反彈，甚至會連動起更多同學、導師和家長一起反彈。於是老師的事先說明、事間的應對姿態（薩提爾的重要性馬上就出現了）、事後的機制調整，就顯得非常重要。

「競爭」，又可以讓學生產生另一股動力，特別之處在於學思達老師刻意將「競爭」與「分組」及「正向」結合在一起，讓學生進入團隊合作，同時也進入團隊競爭，不再只是單打獨鬥式的個人成績惡性競爭。學思達希望通過分組之後的「組內合作」（全組分數綁在一起，個人回答都代表全組分數）與「組間競爭」（組與組之間為競爭關係）刺激學習，全都是以「加分」為主的正向激勵。所有競爭最後都是通通有獎，口頭上的鼓勵、實質獎品，都是可以的，重點在於讓學生從中得到成就感，無論是團隊第一名或最後一名，都得到學習的樂趣。當然，老師也可以根據對學生的判斷、以及自己的能力衡量，未必一定要加入「競爭」的機制；但如果教學現場無法調動起學生的學習動能，競爭的機制其實簡單有效，不妨一試。

學思達的競爭機制，隨著學生的自學能力與習慣逐漸成熟，就變成可有可無了，甚至可以取消競爭機制——不只是競爭機制，就連分組、討論、上臺、設計問答題，也都可以逐漸撤除，最後只剩單純的自學狀態。唯有如此，學生離開學校之後，才會真正進入終身自主學習。

4.隨機抽籤上臺發表

最後一個強化學生自學的動力，就是「隨意抽籤讓學生上臺發表」的機制設計。由老師針對問題的難易和種類來決定要抽幾個人上臺發表，可以一個人、兩個人，也可以一組，甚至兩組、三組。對學生而言，「隨意抽籤」意味著每個人都必須準備好，每個人也都會有較高準備意願。這是因為個人的自學，經由全組討論之後，「個人」就代表「全組」，同時個人意見有了全組的資源，個人就不再顯得孤單無助。

對學思達老師而言，正是透過一個又一個環環相扣的機制來強化學生自學：好奇心↓設計問題（設計問答題）↓補強學生不懂之處（講義或影片）↓分組及正向競爭（分組活動、競爭機制的建立）↓抽籤讓學生上臺發表（老師的主持、追問、應對能力的強化）。

同時又考量到學生的專注時間有限，於是通過學思達的五個流程（自學↓思考↓討論↓發表↓統整），不斷切換學生學習的樣貌，讓學生的學習樣貌可以多元，可以自主的動眼睛、動手腳、動身體、動嘴巴、動腦，不會流於單一呆板。

考量學生自學能力薄弱，於是就開始切分知識點，一開始讓學生自學的範圍縮小、設計問題較簡單、題數較少，逐漸讓學生習慣自學之後，就可以加長自學範圍、增加問題難度、增加問題題數（甚至一個問題當中包含好幾個子題）。

也就是說，學思達老師的所有課程設計，都是建立在先認識清楚學生的現況、能力及特質基礎上來進行，所有機制都可以靈活調整和變化。這些過程都是有機的，不斷變化、不斷調整，也不斷精進。

02

翻轉

為什麼需要學思達講義

教學現場的教師教學活動、學生的學習狀況，其實存在著「學習速度」快慢差異，以及「學習效益」高低差異，只是一般人並未刻意察覺其中有何奧祕可言，但裡頭其實隱藏了翻轉教學的核心觀念，甚至是翻轉教學成敗的首要關鍵處。

就「學習速度」快慢而言，課堂上的教學過程中，存有三種不同的教學及學習速度：

閱讀速度 快於 講話速度 快於 抄寫速度

也就是說「學生閱讀的速度」快過「老師講話的速度」，而「老師講話的速度」又快過「寫黑板抄筆記的速度」。

傳統老師的日常課堂

傳統單向講述的老師在備課時，經常從閱讀課本、備課用書、教師手冊或其他資料開始（備課時採用速度最快的「閱讀」方式），遇到不清楚或不理解的地方，才會在課本上「抄寫資料、製作筆記」（進入速度最慢的「抄寫」），但一般教師通常只在剛教書時會大量做這件事，後來教材逐漸熟悉後，就變成偶一為之）。

現在臺灣教科書出版商更幫老師們做好了「備課用書」，資料一應俱全，精美小字彩色套印，老師們過去必須自己抄寫的筆記，現在幾乎全都免了。於是上課時可以直接參考備課用書，並通過嘴巴講解。一旦老師上課選擇只用嘴巴講解，學生的學習速度就會變成這樣：

（被迫）閱讀速度 等於 （被迫）聽講速度 快於 （被迫）抄寫速度

學生上課時，就只能跟著老師的嘴巴講解來學習、來閱讀，老師唸到哪裡、學生閱讀到哪裡，完全不能自主或自由閱讀，也就不能加快或放慢學習。於是在教學現場，學生最快速的「閱讀」學習方式遭到忽略，不被重視、開發、訓練，甚至還可能因此被破壞。

一旦遇到課本資料不足或困難處，若是老師想讓學生抄寫，老師一開始又沒有抄寫板書，只是單憑講話，那麼講話速度必定要放慢、甚至要重覆唸好幾遍（因為「抄寫速度」趕不上「講話速度」），而且不知道學生「到底抄寫了沒？」若是抄寫了，「到底抄對了沒有？」老師也不能得知，於是還常常被迫要收回學生的課本來檢查。

如果老師擔心學生單憑聽講不容易聽懂，只好轉過身來抄寫板書，讓學生一起抄寫，這樣又會師生會同時進入「極慢速的教學與學習速度」：老師抄寫板書速度慢、學生抄寫更慢。這樣的模式，唯一的意外好處，大概只有老師喉嚨可以休息、學生抄寫表情專注，秩序良好了！

上述這個過程，大家應該很明顯看出傳統單向講述課堂上發生的問題點：

一是學生都處在「被迫學習」狀態。一旦老師單向講解、抄寫，學生就必須被迫聽講、抄寫、閱讀。

二是高速度學習方式的消失。學生大多時間只是跟著老師的講話速度來進行學習，失去了高速度學習方式的鍛鍊與培養。

三是高階學習認知目標的付諸闕如。老師一旦單向講述，學生只能聽懂，聽懂正好屬於低階的「理解」，不但失去高階認知目標的訓練（如分析、評鑑、應用和創造），更嚴重的是，老師的講述就算學生全聽懂，也不過就是全部聽懂，難以超越老師（如果以分數來當譬喻，老師把一百分的內容，教給學生，學生最好也不過就是拿到一百分，但是拿到一百分通常只是少數，絕大部分的學生可能是九十幾分、八十幾分，甚至更低，也就是說，這是一個教學成效「遞減」的過程，教學成效不斷減少——如何翻轉這個遞減過程，正是翻轉教學的核心關鍵之一），這樣就容易形成一個奇怪的現象：學生永遠都比不上老師、超越不了老師。問題是，學生連老師都超越不了，如何能夠做到一代勝過一代呢？

四是知識來源被老師壟斷。老師單向講述的教學模式下，學生會慢慢習慣知識來源是由老師的嘴巴提供，一旦老師離開教室、離開學生，學生就會不自覺地失去知識的主要提供者和來源，因為學生沒有被培養出來主動探索、主動學習知識的習慣和能力。（問題在於，在新科技的推動之下，當代的知識來源已經無法由學校和老師的壟斷，老師不應該、也無能可以再像過去一樣壟斷知識，反而必須用自己的專業來引導學生進入大開放的知識網絡與系統當中。）

五是學習樣貌單一。老師一旦只用單向講述，學生只能呆坐座位，只能專注而認真地望著老師，問題在於學生專注時間其實很短暫、專注精神的狀態也不長久，單一樣貌的學習狀態愈久，某種程度而言，就是折磨學生愈久。

走進學思達老師的課堂

接著，來看學思達老師的備課和上課教書時的速度感。學思達老師的備課，除了和傳統講述為主的老師一樣也要閱讀資料（快速度）之外，最大的差異在於：將原本會在課堂上補充的資料、講述的內容盡可能地打錄成文字（備課速度進入最慢速度，因為「抄寫速度」遠慢於「講話速度」）。這時候大家可能會想到資料充足的「備課用書」對學思達老師有多麼重要了，因為可以減少老師大量補充資料的工作和時間），讓學生得以自學看得懂。

同時老師又必須設計一道又一道的問答題，一旦老師要開始設計問答題，所需時間更久，在這個過程當中，老師也會同時進入「創造」（問答題是老師設計的、補充資料是老師專業判斷抉擇）的過程，這也是學思達老師經常處於思考狀態的主因之一。這些歷程會讓學思達老師的備課，比過去傳統講述時的備課，還要耗費更多倍時間，因為學思達老師在備課時，最常進入最慢速度的準備過程。

學思達老師耗費這麼多時間備課，所為何來？是的，目的只有一個，為了加速學生的學習速度、提高學生的學習效益。於是在學思達的教學現場，學生的學習狀態會變成這樣：

（主動）閱讀速度 快於 （主動）講述速度 快於 （主動）抄寫速度

學生是依照著問答題的引導進行學習，看完問題之後的指示、引導和補充，開始主動「閱讀課本及學思達講義」（閱讀速度最快），然後進入問答題所引導的思考狀態，再進入中速度的「講話」（小組討論、上臺表達）和低速度的「抄寫」（自主答寫答案），整個過程都是自主學習狀態，而非傳統講述法的被迫聽講和抄寫狀態。

當課堂從傳統講述逐漸邁向學思達自學，我們將欣然看見到學生學習情況的顯著改變：**「學習速度」由慢而快，「學習效益」由低而高。**

學思達教學，翻轉學生的學習模式

在學思達教學過程底下，學生顯而易見的改變：

一**是學生逐漸從「被動」學習，轉向「主動」學習。**這個學生由「被動」轉為「主動」學習的過程之順利與否、難易與否，是依照學生被填鴨的時間長短、適應度如何，以及學生的個別差異，而有所差別——通常這也是傳統填鴨教學轉變為學思達教學成敗的重要初始關鍵。

二**是課堂上學生大多數時間都是高速度學習（自主閱讀）**，而且高速度的學習不但會遠高於老師的講話速度，而且不斷訓練之後，學習的速度會愈來愈快，不像老師的講述速度會有一定的極限。

三是學思達的教學流程會不斷變化，學生就不會一直呆坐座位、枯燥聽講，而是有各種不同的學習樣貌不斷變化著，維持住學生的最佳專注學習狀態。

四是通過學思達老師的講義設計，有意識地設計出各種層次認知目標的問答題，可以訓練學生各種多元能力，學生就能從傳統講述的低階認知（記憶和理解），走向更多元、更高階的學習認知目標（分析、評鑑、應用、創造）。而且，一旦讓學生走向思考和創造，學生就會展現出驚人的思考成果和創造力，這些都會很快讓學生發現，他們懂得比老師還多、想得比老師還深刻、創發得比老師更精采，他們會變得更有自信，這樣才有可能一代勝過一代。

五是學思達教學現場，學生擁有和老師同樣的資訊，甚至可以同時採用各種書籍（即使連參考書都沒問題）、可以運用手機、電腦翻查、觀看各種網路資訊，而不再被老師壟斷知識來源，而老師用專業的設計引領學生走向「知識大開放」的新時代。

03

關鍵 學思達講義製作核心

老師「課前製作講義的能力」以及「講義問答題的設計」，是學思達教學成敗的重要關鍵。接下來，我們先來談談學思達講義製作的基本精神，以及學思達講義共備的特色；有關於如何進行問答題設計的問題，將於「心法2」中做詳細介紹。

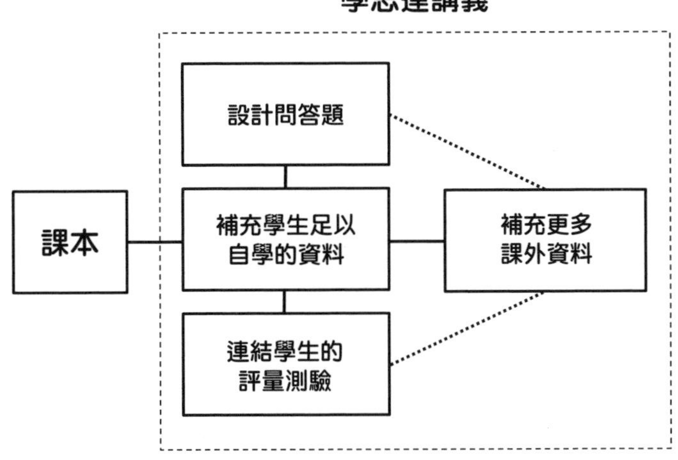

圖四：學思達講義的四個組成部分

改變，先從教科書開始

學思達講義主要包含四個組成部分：

一、**設計問答題**：問答題的設計，一開始是就是緊貼著教科書為出發點，又根據學生自學能力和專注時間，先切成小單元，不斷用問答題引導著學生自學。

二、**補充學生足以自學的資料**：老師必須補充資料（各種形式皆可：文字、影片、音樂、圖像、表演、活動等），補充到學生能夠自學，甚至連老師講話的內容最好都能化為文字，因為學生的閱讀速度其實超過老師講話速度，老師上課一直講話，就會一直耽誤學生大量學習的機會和時間。

三、**補充更多課外資料**：隨著學生閱讀速度增加，閱讀量必定大增。

四、連結學生的評量測驗：老師從題庫中選題或自行命題，量少而質精，針對每個知識點施測，就可以不再使用一張張評量測驗卷，如果能搭配電腦平台施測，效率更高。

請特別注意到一點，學生之所以無法自學，常常導因於課本提供的資料嚴重不足。以文科為例，學生課本上資料嚴重不足，所以老師上課經常處於補充課本不足之處的教學過程：經由口說或抄寫板書，提供給學生更多的資料，好讓學生能夠順利理解課本內容，然後再試圖加深、加廣課本內容。

現在有了電腦加單槍投影機，老師可以選擇將抄寫的內容轉成ＰＰＴ直接投放出來，但是學生仍免不了抄寫。於是又有老師將ＰＰＴ內容在上課前或上課後直接印給學生，這個轉變的過程其實已經愈來愈趨近學思達的起始點，不過印製資料仍然需要耗費許多的時間與資源。

於是大家自然很容易想到，可以用參考書來補足課本內容之嚴重不足。講到這裡，大家就很容易回想起我在前面所說的話：「教科書編寫錯誤，圖利了參考書業者。」倘若不相信，請把「課本」和「針對課文所編寫出來的參考書」拿來相互比對一下，就能發現「參考書內容」有一半和「課本」幾乎一模一樣，這不是很奇怪嗎？學生為什麼要買參考書呢？更糟糕的是，參考書還會同時夾帶贈送（其實是學生自己花錢買的）一大堆不健康、鉅細靡遺的評量測驗題。

問題來了：「為什麼不能拋棄課本，改用參考書上課，這樣不就不用浪費錢，疊床架屋地買兩本書了嗎？」當然不行！一方面除了教育部明令禁止之外，另一方面則是老師自己也會擔心，參考書上面什麼資料都有，老師上課要怎樣教啊？

要如何克服這兩個問題呢？我的看法很簡單：可以直接將原本提供給學生的「課本」改成「教師備課用書」（臺灣的教師備課用書，現在已經編排得非常精美，除了保有課本原貌之外，還增加了許多彩色小字套印，補充上課時所需的完整資料。又能免去一大堆參考書上不健康的評量考題）。如此一來，不但沒有違背教育部禁令，另一方面，又能讓老師面對學生手上都擁有「備課用書」的情況下開始改變傳統教學方式，而必須走向全新的教學方式。

因為對傳統講述的老師來說，一旦學生擁有充足資料的備課用書之後，老師突然不知道應該怎樣教書了，老師馬上就必須意識到不能再只把自己視為資訊的提供者與解說者。當老師要補充的資料，學生都有了；要講解的部分，學生自己都看懂了，這也就是我說的學思達起始點，老師必須開始想到，如何不再利用資訊不對等的優勢進行教學，如何開始改變教學、升級教學。

一般對備課用書的認識，僅止於能幫現場老師節省大量備課時間；但我認為備課用書真正的最大功效，應該是發給學生做為自學閱讀的基礎材料，如此會發揮更大且驚人的成效。這正是一個極為重要的翻轉關鍵：教科書的改變，可以促成教學的改變！

運用影片等資料補充課本之不足

再談數理學科。如果學生透過文字的資料補充，依然難以理解，學思達老師就會先走向兩條路：

一、學思達老師可以先教核心觀念（如何提煉出核心觀念，就是老師的專業能力了），然後再讓學生自學、思考、表達。

二、老師如果不想一遍遍、一班班、一年又一年重複講解核心觀念，就可以選擇先錄影起來，讓學生運用課前、課間、課後任意時間皆可觀看影片。影片的來源，可以由教師自己錄，也可以上網搜尋——如果大家夠敏銳就會發現，這就是「翻轉教室」的觀念，學思達很快就可以因為教學方式的改變，開始和翻轉教室結合在一起（這也正是「學思達」和翻轉教室的平台提供者如「均一教育平台」、「洋蔥數學」會有合作關係的主因），然後再讓學生自學、思考、表達。

茲依上述，將文科與數理科教材補充方式的差異，簡列小圖，示意如圖五。

如果臺灣的國、高中教學現場沒有辦法革除「填鴨教學加不斷考試」對學生的戕害，學生就幾乎不可能有時間回家看「教學影片」；老師沒有訓練出學生的自學能力，就算學生回家有時間，也不一定會看「教學影片」。所以我曾向均一教育平台（誠致教育基金會）方新舟董事長說：「唯有學思達先讓臺灣國、高中教學現場達成高效益的教學成效，可以拋開填鴨教育和瀰天漫地的小考壓迫，回家之後不用再為了準備明日考試而讀書，終於可以空出更多時間，才可能有機會長時間開始『觀看教學

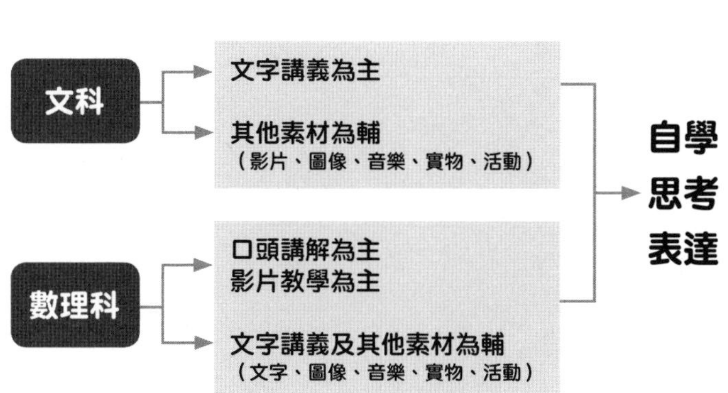

圖五：學思達文科與數理科教材補充方式

影片』，否則就只能偶一為之、點綴性的翻轉，而非常態、穩定和長期的學習狀態；同時又能在課堂上，經由老師專業的引導，訓練出學生愈來愈強大的自學能力，學生也就愈來愈能夠在家、在學校自主觀看影片。」換句話說，我認為「翻轉教室在臺灣的國、高中教學現場的成敗關鍵」，正是學生的「在家時間的騰空」與「自學能力的養成」，沒有先把這兩項關鍵要素解決，要全面推廣翻轉教室，可能並不容易。

學思達講義的考量因素

當學思達老師要開始幫助學生自學，一開始就必須同時考量學生的幾個關鍵點：

- 學生當下學習的起始能力為何？（此點牽涉到講義製作時的難易度考量，以及資料補充的多寡考量）
- 學生的自學能力與習慣為何？（此點牽涉到學思達流程的各種變化、增添與縮減，以及一開始自學時間的長短抉擇）

‧學生的專注時間為何？（此點牽涉到自學時間的長短，以及自學最長時間的判斷）

‧如何驅動學生開始自學？（此點牽涉學思達流程的各種機制設計，以及講義的編寫思維）

但身為老師，並不只是要滿足學生的需求而已，還有自己專業的堅持、專業的考量，甚至是教育的理想與抱負。這也是學思達最強調的地方，雖然一開始是「以學生學習者為中心」，但是最重要的還是「教師的專業」。因此做為一位學思達老師，心中恆常考量的幾個重點在於：

1. 永遠考量「時間成本」與「效益」

每一個學思達流程、每一堂課，老師必須仔細計較「時間成本」、「效益高低」，以及「評估效益」。每一個知識點，老師有多少時間可教授？學生需要自學多久、討論多久、發表多久、統整多久、評量多久？都必須加以考量——一開始的進度落後應該如何克服？教學效益如何愈來愈高？也都是老師必須時時掛記在心。

當老師剛開始把學思達帶進自己的課堂，往往會發現「時間成本」耗費驚人，因為學生還沒有養成自學的習慣及能力，自學速度慢，也不知道怎麼討論與上臺發表，老師經常必須從頭開始教起。但如果學生從小一就開始學思達訓練，就不會有這些困擾，不需要重複浪費訓練的時間，更能持續精進、增強學思達能力，這也是為什麼我們努力要讓學思達十二年一貫的主因。

一旦學生培養出自學能力，教學進度就不會再是問題，因為學生的閱讀速度是老師講話速度的好幾倍，進度只會超前，不會落後。但是這個轉變和培養的過程，通常需要數個月，常常會成為學思達老師最辛苦的階段。

解決之道是一開始可以先不用全部學思達，而是每一堂課利用最後五到十分鐘，先讓學生嘗試一回完整的學思達流程。慢慢訓練之後，學生漸漸純熟，每堂課再增加一回，變成課後、課中兩回學思達流程，循序漸進，逐步訓練學生的自學習慣與能力，同時搭配著傳統的單向講述方式，讓統一教學進度不會造成老師和學生的壓力源。

如果每一個全新年段（國小、國中、高中）的每一個新學期，第一次段考可以大幅度的減少授課內容，以培養出學生的自學、思考和表達能力為目標，循序漸進地進行，雖然一開始可能會落後傳統講述者所傳授的知識內容，但是學思達最大的特點是學生的學習速度會不斷增加，大約一年到一年半，就能趕上傳統講述所提供的知識內容。而且接下來的發展才驚人，學思達的學生會開始大量超前傳統講述者提供給學生的知識內容數倍、甚至數十倍。

傳統講述者的教學速度受限於講話速度（如果講太快，話會糾結在一起，學生不可能聽得清楚），但是學生自學的閱讀速度遠快於老師講話速度，而且可以繼續訓練、繼續增強。學思達就像在跑馬拉松，比短跑肯定跑不贏最容易看到短期效果的填鴨，但是如果要比長期，填鴨根本不是對手。

2.依據不同教學目標融攝不同教學概念

每一個老師對於想要訓練出學生何種能力，可說是因人而異，人言言殊，每學科強調的能力也都不一樣。學思達之所以迷人、且可穿透到各個學科的主因就正在於，學思達提出一個基本能力訓練的觀念：「自學、思考、表達」。這三個能力恰恰是填鴨教育所不能訓練出來的，正好成為一個有別於填鴨教育的鮮明旗幟。

學思達所打造出來的一個簡單教學模式，讓老師們意識到透過學思達教學流程，不但可以訓練學生自學、閱讀、思考、討論、合作、分享知識、發表等等多元能力，也可以完成他們自身教學上的理想與期盼。

其關鍵就是「設計問答題」加「講義補充資料」本身，「問答題」結合「補充資料」可以設計出各式各樣的能力訓練。例如：老師想要讓學生成績變好，就讓問題設計和講義內容的重心偏向考試；老師想要讓學生有行動力，就讓問題設計和講義內容的重心偏向任務型的實際活動；老師想要讓學生有國際觀，就讓問題設計和講義內容的重心偏向國際觀。——是的，無論老師想要讓學生有＿＿＿＿＿，就讓問題設計和講義的重心偏向＿＿＿＿＿。

每個知識點，我到底想要訓練學生何種能力，就設計什麼樣的問答題來訓練學生。教學目標也好、認知目標也好，老師最好都有一個清晰的概念，甚至是一個完整脈絡的概念。我覺得布魯姆（B. Bloom）的「教學認知六目標」可以做為基礎，然後融攝或結合其他不同教學概念，形成一個愈來愈繁密、多元、靈活變化多端的新結構，如「焦點討論法」（ORID）、「問題導向學習」（PBL）、「重理解的課程設計法」（UbD）等等，甚至如PISA評量的閱讀能力（著重思考與自學能力）所包含的「擷取訊息、理解文本、反思與評鑑」，皆可融攝或結合起來。（關於這些融攝，在「心法3」會詳細論述）

同時老師也根據自己的能力、專業以及各學科的特質，各自再去培養出學生各種能力，不論是語言訓練目標：聽、說、讀、寫；品格的訓練目標、技藝的訓練目標，只要老師想要達到什麼樣的目標，通通可以考量進來、開始訓練學生。

這樣大家應該很清楚了，這就是為什麼學思達不怕課綱更動，也不怕談能力、談素養、談願景。無論要強調什麼，學思達都可以通過老師及講義去觸及、去訓練、去達成。

3.思考課本與補充資料的關連與連結

老師永遠要站在學生的角度想：課本上的文字，學生自學可以看得懂嗎？如果學生看不懂，老師要如何幫助學生看得懂？採用什麼樣的方式？是要用傳統講述、還是用文字、還是用影片？

4.謹記學生最佳專注時間有多久

學生最佳專注時間約五到十五分鐘，那麼閱讀資料所需時間就盡量不要超過學生最佳的專注時間。所以每個知識點都要拆開，用一個又一個問答題來當成學生自學的引導，分成一個又一個適合學生吸收的小單元。

5.學思達的五個步驟一定都要有嗎？

學思達課堂的五步驟（學生自學、思考、小組討論、上臺發表、老師統整）的安排，必須依照學生的狀況（能力高低、程度好壞做綜合判斷）、問答題的難易程度，可以隨時做出各種變化，可以保有五個步驟，也可以減少一個或數個步驟。當然，也可以再增加其他步驟。

6.學生全自主學習的可能性

要不要放手讓學生自主學習、自己動手找資料、甚至自己設計問答題？可以的，但依然要考量到時間成本如何？效益如何？訓練學生何種能力？要一直這樣頻繁訓練嗎？如果讓學生回家去做這些事，

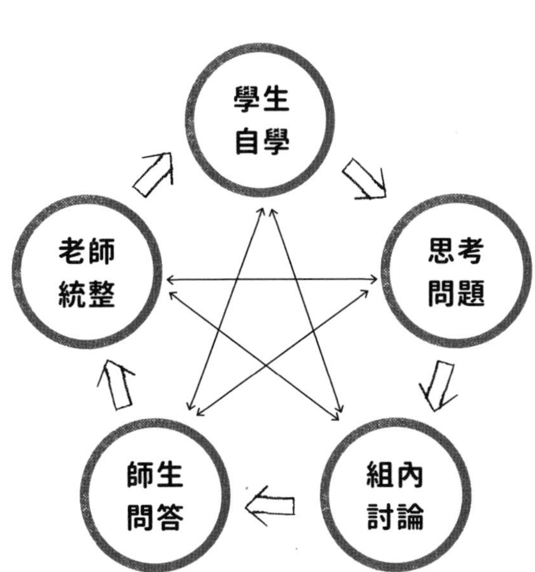

圖六：學思達教學步驟的可變性

又必須要考量學生回家後有多少科的作業？有多少家庭時間？而不是一廂情願要學生回家完成。有沒有辦法直接在課堂上完成（如果可以，就不需要讓學生回家做）？完成這些作業需要哪些設備、閱讀多少資料、學生有無判讀資料的能力、老師要不要先教學生如何判讀資料？這些也都是老師必須考量的。

對於剛開始運作學思達的班級，我的建議是不要一開始就直接讓學生自學，因為這樣老師的專業就消失了。例如，有些老師會讓學生回家或在課堂上自學，然後讓學生發問哪裡有問題，甚至直接讓學生設計問答題，然後在課堂上就針對學生的問題回答，或讓學生研究後相互回答各自的問題。這樣的形式不是不能做，而是一開始不能這麼做（除非學生有經過訓練、擁有強大的自學能力），因為學生問的問題通常是因資料不足或理解能力不足而產生，學生很難問出高層次的問題，而這部分正是老師展現專業的地方。老師給予學生足夠的引導和訓練之後，才能慢慢放手，最後讓學生進入全自學狀態。

7.是否進行跨學科的主題式教學？

學思達教學一段時間之後（我的看法是兩輪左右，也就是六年之後，學思達教學方式漸漸成熟，掌握了流程和學習速度，可以滿足體制內對於統一教材、進度及成績的要求與成果），自然而然老師就會開始想要進入主題式教學，原因在於學生學習速度增快、成績愈來愈穩定，空出來的時間愈來愈多。

一開始的主題式教學可能是先從同一冊教科書內的相近主題開始（有些國家直接就把教科書編成主題式，老師就沒有這種煩惱了，但若有些教科書還沒有編成主題式，學思達老師就可以開始著手切入）；另一種則是因為學生學習速度加快，可以在教科書外進行課外書的主題閱讀，這是屬於外部增加式的；最後學思達老師之間，即使不同科，但是有共同的教學觀念、流程，以及製作學思達講義的能力與概念，就很容易開始產生對話，相互連結自己的知識點，以能力、素養或知識特質為核心、就能開始跨學科（兩科、三科、甚至多科之間）的主題式教學。

8.兼顧能力與成績的評量設計

學思達老師需不需要鞏固學生的考試能力和成績？對分數的重視與否，會因國家、學校、家長的不同而有很大差異，當然亞洲國家普遍對成績還是重視的。所以老師必須想一想：需不需要面對教學現場的學生、家長、學校、同事之間對分數的重視？如果需要，則要考量清楚有沒有必要加強？如何加強？

學思達老師如果需要滿足學校、家長和學生對「成績」的期待，就把學思達的課程設計重心重新朝向「成績」即可。有一個簡單方式，就是在每一個知識點，先用問答題來指引自學重點，最後再用學生日後即將面對的測驗形式（通常為選擇題）來強化學生的應試能力。可將評量分散在各個知識點之後，依老師專業來挑選或設計幾題試題（而不要用整張的測驗卷），每一題評量都附給學生詳解，方便學生自學、自己訂正。如果可以，也可將評量題目放在網路上（結合學習平台），方便學生練習、評量，也方便老師整體又個別地知道學生的學習狀況。如此一來，無論和過去單向講述方式相比，或和同年級其他單向講述老師相比，通常都可以看到學生成績持平或進步，甚至出現最好的成績（如果成績出現下滑，則顯示教學重心可能有誤）。

除了成績之外，學思達老師更在乎「能力」，只是能力指標或評量，在臺灣並沒有統一、客觀又良好的評鑑方式。我一直覺得家長和學生之所以過度注重成績，臺灣的「制式成績單」也要負很大的責任，因為家長和學生收到的成績單，上面大多只有學業成績，加上家長看不到學生上課的實景（所以開放教室，歡迎家長來觀課多麼重要），每學期只能看到寫滿各科成績的成績單，卻要求家長和學生不要太在乎成績，真是強人所難。一旦學思達培養出學生各種能力，學思達的成績單便可以應運而生，第一張成績單就是學生各種能力指標「自學能力」、「思考能力」、「表達能力」、「合作能力」、「閱讀能力」、「理解能力」、「教導能力」、「團隊競爭能力」，最後一欄才是「學科成績：詳見後附傳統成績單」。

為什麼傳統成績單改不過來，因為老師單向講述，這些學生綜合能力便很難培養起來，也就沒有什麼必須需要更改了；但是只要教學方法改變，一旦學思達了，成績單就有了重新設計的可能與需求。類似的變化，很多看似堅固不可改變的東西，很奇妙地，在學思達之後就會一個接一個開始改變起來。

04

連結

學思達如何進行講義共備

學思達講義以呈現「課堂知識完整內容」為主體，講義中包含了老師的思維（如何設計問題）、老師的授課內容（如何說明）、老師的解說方式（如何注解）、老師的學養（如何補充資料）、老師的關注（如何評量等等）。這樣的學思達講義，很快就可以透過文字的記錄，完整展現出老師的授課內容、流程、以及設計課程的思維。學思達講義可以讓課堂內容和流程大多「可用文字記錄」，於是隨著學思達講義的分享和傳播，會慢慢產生一連串的連鎖反應。

學思達講義共備引起的連鎖反應

首先是老師透過學思達講義相互交流，有些老師就直接採用其他老師分享出來自行製作的學思達講義，如此一來，課堂內容和流程就變成「**可複製**」、「**可相互傳遞**」；有些老師會下載其他老師分享出來的學思達講義，並根據自己的學生的特質與程度，加以修訂，如此一來，課堂內容又變成「**可再創造**」以及「**可特製化**」；再者，年輕資淺老師採用了資深老師的學思達講義，就能建立在資深老師的豐沛教學內涵之上，如此一來，課堂內容就又變成「**可累積**」（這一點非常重要，可以讓年輕資淺老師站在前輩老師的基礎上，後浪才能真正得到前浪的幫助和滋養，並且快速超越前輩老師，這樣一代代的老師才有可能一代勝過一代）；又有老師會根據他人的學思達講義，繼續深化或增補內容，如此一來，課堂內容又變成「**可深化**」；也有老師會根據當下時代的變化與資料的更新，不斷修訂學思達講義，如此一來，課堂內容又變成「**可隨時更新**」；再者，老師們將學思達講義全部公開在「學思達講義平台」（Share Class），供大家觀看和下載，如此一來，課堂內容又變成「**可檢驗**」；最後，學思達講義不管知識點的難易程度（即使是一般民眾認為較為簡易的國小課本知識），都可以透過學思達講義的呈現，表現出「**高度的專業性**」。

這一連串學思達講義引起的連鎖反應，會讓學思達老師產生愈來愈多的內在能量，這些能量不斷鼓舞著製作講義的老師——他們會進入時時刻刻都在思考、設計課程和製作講義的熱情當中；也鼓舞著使用學思達講義的老師——他們從講義中學到許多其他學思達老師的思考與設計成果，也會跟著一起成長；也會鼓舞著更多老師持續分享出各自的教學智慧結晶，更會幫助學生進入學思達的迷人學習現場。學思達充滿著分享的快樂、感動的喜悅、感激的情緒和歡快的氣息，慢慢形成一股由小而大的善的正向能量循環。

從跨越各種界線開始，再回到專科與專業

學思達是教學方法上的創新，因此凡是和「教與學」活動有關者，無論什麼學科、領域、國別，一定都可以和學思達結合。所以學思達很快地就能夠跨出領域之別，跨越學科之別，迅速從小學拓展至大學，甚至學校之外的企業界都已經有公司用學思達方式來訓練

新進員工。換句話說，學思達一開始就展現出了「**跨越**」與「**聯結**」的強大功能，讓原先壁壘分明的學科界線、體制分野、產學代溝，甚至跨國界，都能緊密聯結在一起。再者，學思達很快讓教學指向「以訓練出學生能力為導向」的目標，這些能力的養成又同時滿足了跨越與聯結各學科、體制和產學之間的需求。

一旦從認識進展到真正開始實踐，又會從跨學科、跨領域、跨產學、跨國界，再回到各自的專業之中發展。所以「學思達教學臉書社群」，後來又衍生出「國小國語學思達社群」（蔡志豪老師主持）、「學思達英文社群」（鄭博仁、徐曉薇、張倩玲老師主持）、「學思達全民國防社群」（胡中中老師主持）、「學思達數學社群」（劉繼文老師主持）、「學思達分館——地理共備社群」等等專科社群，還有「新加坡學思達研討社群」（鄧祿星老師主持）、「馬來西亞學思達教學社群」（藍志東老師主持）、「香港學思達研討社群」（劉華老師主持）、「澳門學思達研討社群」，欣欣向榮。

從網路共備出發，再回到實體共備

就學思達講義共備的進程而言，可分為以下三個階段：

1.分享講義

一開始，學思達的共備大多集中在對學思達教學法的認識、接收與實踐。所以我們先打造出全臺跨校的「學思達講義平台」，讓大家的講義可以上傳到公開網站，讓其他老師自由點閱、下載使用。因為有了學思達講義，讓課堂內容變成「可用文字記錄」，讓老師不一定要面對面共同備課、也不一定要親自到教學現場才能知道對方的授課內容與方式，照樣可以透過網路「超越時空」進行共備、相互交流。

學思達平台的核心關鍵，就是要引領老師進入一個創新的過程，不再只是單方面接受知識傳輸，而是成為一個平等的資料討論者、創造者。就學科專業而言，老師可以透過學思達共備，接觸多元思維、不同的設計方式，更能刺激老師思考、開闊老師視野、促進專業成長，使講義愈來愈精密、愈來愈周全、愈來愈特製化、愈來愈顯現出集體智慧之結晶。就教學創新而言，老師可以透過學思達共備，分享彼此面對教學困難處所發想出來的解決之道，如小道具、小遊戲、各種新機制等等。

透過學思達平台，老師不僅可以分享個案成功之喜悅，以及如何成功；也可以分享個案之困難或失敗，尋求大家一起合作、幫忙。教學現場無論遭遇各種學生問題，或教學困難，都可以由所有學思達老師一起面對、提供各種解決之道，甚至一起進到任課老師的班級，共同來解決困難且棘手的學生或教學問題，讓老師不再處於孤立狀態。臺東高中羅勝吉老師就經常分享他所遭遇的困境，得到很多老師的共鳴與認同；看著他分享最後如何一步一步克服困境，更每每讓老師們感動，得到更多信心與鼓舞。學思達的精神就是面對問題、想出辦法、解決問題。

「學思達教學臉書社群」就是一個國際性的教師支援系統，可以及時提供各種教學問題的詢問與解答。

2.現場觀課

看到講義，再到現場觀課，是第二個共備過程。換句話說，學思達的共備起點是以老師們共有的學思達認知為基礎，在這一共同基礎上各自發揮其專業素養及專業能力。我常說，共備不是一群人討論就能產生大的突破，如果是一群傳統講述的老師一起共備，其結果只是讓講述法更加精密而已。共備是需要有人「帶領」與「引導」，不斷用創新和創意一直改良教學。學思達之可貴，在我看來，只不過就是正好提供了一個創意的起點和重要基礎。

當愈來愈多相同領域的老師出現，這些老師就會匯集在同一專業領域下討論各自專業知識。進行共備時，很自然就會出現一個「差異化」的現象，對學思達的老師而言，倘若面對沒有學思達教學概念的老師參與共備，共備的重點就必須還著重在「帶領」和「引導」，想辦法順利讓這些老師快速進入學思達狀態；若是都有學思達概念的老師一起共備，就能進入專業討論，針對學思達講義設計、教學方式、老師狀態、學生學習等方面深入討論。

3.學思達學校

當各自專業領域的老師們愈來愈趨成熟時，學思達的共備就會又進入另一層次，一定會再次開始出現跨學科、跨領域，甚至跨國界，完全以培養學生能力為導向，結合各領域之核心知識，又開始建立聯結、建立更有效率的上課模式、知識系統、以及授課進程（如果大家夠敏銳的話，就會意識到臺灣的教育內容基本上是各自獨立，學科之間壁壘分明，並沒有連貫起來），如此一來，學思達最後必然會打破課本傳統的編寫方式、跨學科的不相關聯，以及學生不連貫的學習歷程，走向連貫——不是九年一貫，也不是十二年一貫，而是一輩子連貫——的學習歷程，打造出全新的學校和學生自學的模式。

這也就是真正「學思達學校」的模樣！

張輝誠的教育思索

學思達會帶給老師最重要的收獲是什麼？

第一、讓老師走向成長之路，一輩子不斷成長，能力不斷增強！

第二、老師會走向互助，分享教學、討論教學。當一位馬來西亞的老師在網路上發問，臺灣各地、各年段老師馬上提供建議，甚至各科老師都一起參與。

學思達能完全打破國界、打破年級和科別，讓老師在教學之路上永不孤單。

心法

2

You got it!

問題設計力

05

客製化教學

學思達問題設計的結構

學思達教學之成敗，取決於「課前製作之學思達講義」與「課間教師之主持能力」兩大關鍵。學思達講義的重要性在於呈現「教師學養專業內涵與知識決斷力」以及「運用教師專業來指引學生學習」，而教師課間主持的重要性，則在於「驅動學思達教學在教學現場的真實實踐」（關於此點，下一章節會詳細論述）。至於「學思達講義」的成敗，又以「問題設計」為關鍵，問題設計之好壞，直接影響學思達教學的品質。問題設計通常包含三個部分，分別是「學習指引」、「問題思考點」（可加入教師解說）與「教學形式」。

先舉一例，便於說明：

請閱讀課本第十三、十四頁、備課用書第三十二頁第二段、底下講義補充資料及相關網址資料（學習指引），請問四位作者的主要論點為何？你贊成哪一位作者的觀點？為什麼？（問題思考點）此題請先自學後再小組討論。（教學形式）

1.學習指引

問題一開始，老師可先透過文字（取代老師口頭指示）明確指示學生自學的方向、內容與範圍。如此一來，可以達到以下三個好處：

第一個好處是明確提示學習範圍。老師可以明確讓學生知道學習範圍，而學習範圍可以是課本內的範圍，也可以是老師同時佈置多樣資料（如上面例題上的指引，就有課本、備課用書、講義和網路資料），如此便可以讓學生以課本為主，進行基礎學習，又能掙脫課本，進入更廣泛的閱讀、大量的學習。若改由老師口頭一個個交代學習範圍，不但速度慢，效率差，甚至有些根本難以用口頭直接表示，如例題中的網址。

第二個好處是增進學生認知層次。學生有了寬廣、多元的學習範圍和內容之後，又可以展開更高階的認知目標訓練，讓學生可以進入學習內容之間的「分析」、「評鑑」，甚至是「應用」與「創造」。

第三個好處是進入差異化教學。每個學生都可以根據自己的學習能力、學習狀況、學習速度，有多種選擇和變化，有的可以在課堂上跟上整體學習速度，有的也可以超前，有的也可以落後，因為老師將所有學習指引都寫在講義上，這樣學習方向、內容和範圍就會一直存留在講義上（學生可以根據教師的學習指引而自主學習，而且絕大部分的答案都可以在課本和講義上找到答案〔除了開放型的問答題之外〕，因為老師已經先幫學生設想好學生得以順利自學，而預先補充足夠而完整的資料了），不會隨著老師用口語詢問之後，問題本身就逐漸消失，時間愈久，消失愈多。換言之，學思達到最後一定會自然而然進入「差異化教學」。

問題設計的學習指引，也可以換成「任務型」的學習目標，例如「請閱讀全文之後，請小組將課文故事演出來（或說出來、畫出來）。」這樣大家就可以很快察覺到，一旦將「學習指引」改成這樣：

> 請看均一教育平台高一下數學「機率」3-3A 觀念 01-04 的影片（掃瞄 QR Code），並完成網路上的例題練習，最後再回答底下老師設計的例題練習。

於是學習指引很容易就和「翻轉教室」的教學影片結合在一起，學習指引的地方也可以自由改成「請看洋蔥數學的……影片」、「請看 Coursera 的……影片，回答以下問題……」。只要老師懂得學思達，懂得用講義設計「學習指引」，教學內容就會走向大解放，不會只是一直侷限在課本當中，而是帶領學生一起走向全開放的知識學習新天地，特別是網路上的學習資源已經愈來愈多、愈來愈好，而且只會不斷增加，不會減少，這些都是師生學習的巨大寶庫，也是未來學習的主流資源。

2.問題思考點

關於「問題思考點」的設計，牽涉甚廣，而且牽一髮而動全身，留待下一節詳細論述。

3.教學形式

問題設計時，可以同時明確設計好教學流程和形式，直接寫進講義的問題上。課堂教學就會依照每一個問題的進行與指引來實踐，每一個問題又直接將教學形式、過程與學生呈現方式都以文字呈現。

例如有任何特殊要求（若是整個過程是正常的學思達步驟「自學、思考、小組討論、個別學生上臺回答、老師統整」，就可省略不寫），都可以直接顯示出來，如分組討論的要求形式：可以採用「不討論」、「兩人討論」、「四人討論」、「六人討論」，也可以

「前後兩組一起討論」、「一大排討論」等等；或者是表現學習結果的形式要求，可以是「一人上臺回答」、「兩人上臺回答」、「小組上臺回答」、「站在原位回答即可」等等。又或者是時間上的要求，也可以直接寫出來「這一題限時自學——分鐘、討論——分鐘」；又如作業或考試的相互檢查要求形式，可以是「左右同學相互檢查」，也可以是「對號同學相互檢查」等等。

換句話說，只要是老師想到的教學流程和形式，都可以預先寫在問題當中，讓學生明確知道自己的學習時間、方式、過程和學習成果呈現方式——如此一來，老師自然而然就會開始有意識地進行「課堂設計」，每一個問題、每一個知識點，需要耗費多少時間？要達到什麼進度？要進行怎樣的教與學的形式？要達到什麼效益？要達到什麼教學目標？都會仔細預先考量。

這個過程，對學思達老師來說很奇妙，也很重要，學思達老師未必要學了什麼教學理論、學了什麼課程設計概念，而是透過簡單的教學技術改變，就會自然而然走向全面性的改變：師生一起朝向知識大開放的新世界、也會結合翻轉教室的線上教學影片資源、同時又會擁有課程設計的概念與實踐，並且也會開始逐漸深入各種教學專業理論和實務，不斷精進。這也是學思達迷人的地方，曲徑通幽，引人入勝，精益求精。

06

問題思考點設計
講義製作的預先考量

學思達講義之問題思考點的設計，是建立在一個個的預先考量上，接下來先談學思達講義之問題思考點的六個預先考量：

1. 學生程度高低的分析與判斷

問題思考點的設計，第一最優先考量的一定是學生的程度。每個老師面對的學生都不一樣，只有任課教師才最了解自己的學生，特別是城市和鄉村的學生不一樣、男學生和女學生也不一樣、普通班和特殊班也不一樣……，老師必須根據自己對學生的充足認識而增加補充資料、設計問題！換句話說，學思達講義就是「客製化教學」，也就是因材施教的開始。

學生程度低，每一個問題思考點的設計，就可以刻意讓自學閱讀課本教材的範圍減少（切成更小單元）、補充資料也大幅減少（資料說明的難度也降低）、問題數減少、問題困難度也跟著降低。若是學生程度高，每一個問題思考點的設計，就可以讓自學閱讀課本教材的範圍增加、補充資料也跟著增加（資料的難度也升高）、問題數變多（同一個問答題內也可以一口氣連問好幾個問題）、問題困難度也升高。

如果學生連閱讀能力都沒有（如幼兒園、小一學生），那麼自學的講義，就可以改由物品、圖片、影片，或者用圖片來注解文字，然後直接用口頭說出問答題，讓學生開始進行思考和探索，再進行討論和發表。所以說，即使是幼兒園生或小一的學生，照樣可以做到完整的學思達訓練。附帶一提，關於小一生、小二生的學思達教學，臺北市光復國小黃彩霞老師是第一個實驗成功、並且隨時開放教室公開供老師們進班觀摩的教師，感動了很多老師；另外，幼兒園的學思達教學，廣東東莞小牛津集團轄下的幾所幼兒園已經開始實驗，也取得成功，除了繪本課之外、現在進展到連數學課也開始進行學思達，並且在家長會時用學思達教學公開授課，獲得許多家長的肯定與認同。

也就是說，老師設計問題思考點，完全是根據學生程度之高低來進行設計。因此，學思達講義的設計，必須根據學生的程度不同而有所不同，難以一體適用，這也是學思達講義分享平台，會將講義的類別區分為「難、中、易」三種類別的主因，就是根據學生的程度而區分，當然學生程度不是只有三種，但是有了三種之後，就比較有參酌、比較和調整的基準。

2.每一個知識點的學習目標（短中長期、以及各種目標）

每一個知識點的學習目標，會因老師的關注和能力不同，而大相逕庭。有的老師可能只是將每個知識點，期望做到讓學生能夠聽懂（理解）、考試時可以拿分即可（記憶加理解）。有的老師則希望每一個知識點在考試之外，還能達到更高的認知目標，並且將這些知識運用於真實生活（應用）、可以進行分析和判斷，甚至可以創造出更多的知識或作品出來，即使考試根本不考——可見老師的眼光、能力、期許和關注點不同，就會產生極大的差異。

但是無論如何，每一個知識點的理解，確實是屬於當節課的具體目標，而且也是當節課最重要的目標；再者，學校的統一段考評量、每一個學習階段的重要考試（如高中入學考試、大學入學考試等等），這些都是不能迴避的。如果老師必須面對這些評量及考試，對學思達而言，就是直接將問題設計的重心調整成可以應對考試，緊密的和考試重點結合在一起，但教學時依然用問答題來問學生，用問答題來引導學生學習和思考，最後才以重要考試的形式（如選擇題或其他命題方式）來每天增強學生的應對考試能力——請記住：只要學思達想要加強什麼能力，就將問題的重心轉向該能力以及可以培養該能力的訓練方式即可。

當然，除此之外，每一個老師都有自己的學科專業、懷抱、素養和教育理想，以前在傳統單向講述的的教學中，可能覺得難以實施、甚至常常因中小學生程度不高、聽講狀態不佳，因而覺得自己大材小用、甚至懷才不遇。一旦學思達之後，老師很快就會發現不會再出現這種感覺，反倒會因為學生學習時的積極投入、專注神情而感到振奮，以及實施學思達時的各種能力要求、以及師生之間對於知識相互激盪而產生的收穫與困惑，驚覺自己能力不足、學養不夠、應對能力不好，因而又產生出另一種積極向上動力。自然而然，老師已經隱藏許久的「學科專業、懷抱、素養和教育理想」，在學思達的教學當中，都可以逐一實踐出來，終於可以培養出學生一輩子各式各樣帶得走的能力。

3.教師專業對每一個知識點的理解程度、深入程度、串聯與擴散能力

老師通過「補充資料」及「問題設計」的搭配與結合，將每一個知識點傳達給學生，讓學生得以自學、思考、生生討論、師生問答及對話來進行學習，但重點又在於老師對於每一個知識點的理解程度，理解程度愈高、深入程度愈深，就能透過「問題設計」讓學生

進入更高階的學習目標。例如一個老師對一個知識點的理解程度愈高、愈深入，就能設計出更多元的豐富問題，即使只是簡單解說「一加一等於二」，也能有各式各樣的問題設計和資料補充，例如圖七。

若要設計問題1，老師便要判斷，需不需要再額外補充「阿拉伯數字的來源故事」相關資料，先讓學生閱讀？若要設計問題2時，老師便要判斷，需不需要額外再補充「＋」和「＝」相關資料，先讓學生閱讀？

當然，這些問題還可以不斷延伸下去，延伸到何種程度，牽涉到老師專業上的串聯和擴散能力，例如有些老師可以將0和1，和「電腦程式語言」結合在一起；提到二進位，需不需要再提一下英國數學家布林（Boolean）的「布林代數」、或者和《易經》的陽爻和陰爻結合在一起……，例如圖七問題9、10。如此一來，就可以再延伸出去設計出更多元問題。上述這些，說穿了都和老師的學科專業素養與能力有關，專業學科素養和能力愈強大，更能設計出愈好的問題。

1. 請問數字「1、2」是怎麼出現的？你覺得古代人為什麼要用數字來計算，而不是用直接畫物品的圖案來計算？
2. 請解釋「＋」和「=」的由來。
3. 請用具體事例說明「1+1=2」。
4. 請問有沒有特殊情況是「1+1=1」或「1+1=3」？如果有，是什麼情況，請說明。
5. 為什麼古代人要規定「1+1=2」，這個算式要成立，需要哪些條件？
6. 如果「0+1=1」，那麼「0+2=（　　）」。
7. 如果「2+1=3」，那麼「1+1+1=（　　）」。
8. 如果「0、1、2、3」四個阿拉伯數字，除了「2+1=3」之外，你還能列出幾種算式，答案也是等於3，請列出來。
9. 請問電腦語言的「二進位」，就是遇到2，就會往前進一位，請你看一下底下算式，請回答最後一個算式的結果：加法：0+0=0，0+1=1，1+1=10，10+1=11，11+1=101，那麼11+11=（　　）。
10. 易經的陽爻符號是「⚊」、陰爻符號是「⚋」，若用數字來替代，陽爻「⚊」是「1」、陰爻「⚋」是「0」，例如泰卦的組成是䷊，要數字來表示就是（次序必須由下往上）「111000」，請問鼎卦（䷱）的數字排列為何？

圖七：問題設計範例

4.課堂時間長度的多寡，教學期望達到的效益

不過，當老師欣欣然於設計出這麼多好問題和完善補充資料時，必須又回過來考量第一點：學生的程度如何？學生程度可以接受這麼多、這麼難的資料和問題嗎？如果可以，就勇敢實施。若是學生的程度佳，甚至可以直接由難度較高的問題開始進行，而直接跳過難度低的問題；如果學生程度和能力不足，老師就要必須考量需要刪減哪些題目和資料，以及需不需要將問題難度降低。

接著才又考量這個知識點最主要的教學目標為何？哪些是緊密相關，一定要保留？哪些是較不緊密，是否可以刪去？然後又再考量，每一個知識點有多少課堂時間可以運用？若是時間充裕，就能不斷從基礎理解而持續延伸和深入；若是時間不允許，就必須根據學生程度的不同，老師需要判斷出將時間運用到多少比例的低、中、高認知目標……，這些並不是一成不變或固定模式，而是針對學生的程度、每一個知識點難易程度的不同、老師的教學目標、課堂時間等等，而出現各種調整與多元的變化。

5.學生自學專注力的時間長短

學生自學專注力的最佳時間，會因為學生的年齡、個性、能力和受訓練與否而有所不同，通常落在五到二十分鐘之間。假使老師一開始面對沒有受過任何自學能力訓練的學生，最好先將自學的內容和範圍降到最低、問題也相對簡單，讓學生可以在很短的時間閱讀完、找到或想出答案。如果閱讀內容很長、很多，就必須考量到學生的專注時間有限，所以可以將內容切成一個又一個更小單元，盡量在學生的最佳專注時間可以自學完，因為自學的時間過長，學生的專注度就會下降。

這樣的好處是讓學生有成就感，另一方面則是可以循序漸進幫助學生養成自學的習慣。隨著學生自學能力的增進，再慢慢增加自學的內容和範圍，問題設計也逐漸變難，一步一步深入——學思達教學現場最迷人的地方就是，每天都在訓練和增強學生的能力，老師可以察覺和感受到學生每天都在逐漸進步著，學生的進步是因為老師的引導與訓練而發生。

6.學習評量方式

學生和家長關注什麼？教學現場的老師都不能迴避這些關注，學思達老師更是不能迴避這些關注。如果學生和家長都普遍關注「成績的提升」，學思達老師當然也要關注「成績的提升」。

過去的教室封閉，大家不知道教學現場實況，最後只能生產出「成績」，即使「學生的成績確實很優秀」，但沒有人知道學生生產出好成績的過程，是不是因為接受了良好的教學過程和品質。如果是，那就太好了，更應該開放教室讓更多人學習；如果不是，是否應該接受檢驗，因為不良善的教學現場，例如老師高壓管控學生（言語威脅、羞辱、軍隊式或工廠式、違背青少年心理和生理、缺少人性化的班級管理）、大量而密集的考試、繁重且過多的作業與練習，這些固然可以幫助學生的成績提升，但是它們對學生學習興趣以及心靈造成的傷害，很可能非常深遠，終究得不償失。

學思達老師必須思考的是，如何才能做到良好的教學過程與品質，包括：課堂學習氣氛輕鬆又嚴肅、溫暖且平和、師生平等對待，學生之間相互支持與團隊合作，教室內充滿愛、包容、尊重與關懷，然後又可以每一分每一秒禁得起考驗，甚至可以隨時開放教室公開接受檢驗（這個結果，也是學思達有無全面成熟的檢驗標準之一）。

接下來，學思達老師還要再思考的是，假設要「提升學生的成績」，有無可能不再承襲「老師課堂單向講述↓學生回家寫作業、背書準備考試」的模式，而是改成「老師上課學思達，學生都在課堂完成作業及考試（不用回家背書）」，然後讓學生在課堂學習是又開心又嚴肅，回家變得愈來愈輕鬆，既沒有作業也不需要再準備明天的考試，甚至因此有時間可以展開不同的學習內容或培養其他興趣活動。

為什麼學思達有可能可以做到？原因在於，學思達會慢慢培養出學生愈來愈快的自學速度，一旦學生的學習速度加快，就會空出愈來愈多的學習時間，可以運用在「更大量的學習」，也可以運用在「重覆學習」。另外，學思達的教學模式，每一個知識點不會再像傳統老師單向講述一樣（平均只會講解一次）；而是透過課堂上的反覆學習：學生先閱讀知識點（第一次）、思考問題尋找答案（第二次）、生生討論（第三次）、學生上臺講解（第四次）、老師統整（第五次），這樣每一個知識點就會至少反覆學習五次，而且學生的閱讀速度會在不斷訓練之下愈來愈快、學習效能也會愈來愈高。當學生的閱讀速度變快，老師教完所有進度之後，甚至還有更多時間又可以回過頭來進行整體複習，讓學習效果更好。當然，學生的學習速度變快，老師也不一定要回過頭來複習，也可以進入更深或更廣的學習，也可以每天利用五分鐘或多出的時間，讓學生開始進行另外一種學習，例如每天讀幾頁課外書（積少成多，一年就可以讀完好幾本課外書）、探索活動、能力訓練等等。

再者，提升成績的主導權依然在老師手上，老師可以鎖定學生最重要的考試（段考、畢業後的升學大型統一考試等等，依老師判斷而定），試著分析這些重要考試的題目、題型、考試重點以及所需要的能力，然後模仿這些題目、題型、考試重點和所需要的能力，設計成講義內的問題，每天用學思達（設計問答題、補充資料）來訓練學生，讓學生擁有各種應試的能力。

另外，還必須加入「掌握評量權」、「分散式評量」以及「轉化選擇題」三個概念。

傳統單向講述授課，通常每教完一課或一個單元，考試和考卷便隨之而來，一課或一個單元，會用到一張一百分的考卷來考學生（考試不能看書），如果每一科、每一課大多如此，學生便很容易進入大量背誦而導致學習倦怠與學習厭煩。問題在於「一課或一個單元的知識點」根本不需要考到「一百分」，每一課都是一百分，如何區分出重要性？有些課根本不重要，可能只要考個三、五題就夠了。

再者，考卷是由教科書出版商所提供，出版商又是去邀請願意幫忙的老師出題。換句話說，學生評量權不是掌握在老師手上，而是掌握在他人手上，並且「這個他人」一定不會知道各自老師的學生程度、也未必知道每一課的評量重點與否、命題品質好壞亦無從判斷與修訂。

因此，將評量的主導權重新掌握回到老師手中，非常重要。一開始，即使依然要依賴坊間教科書商的考試卷，也沒有關係，可以透過問答題的設計，直接在講義上標明學習指引「請作答考卷上的第1～5題、9、12、16題」，也就是說所有的評量都必須經過老師抉擇和判斷，認為是好的考題才讓學生作答，而不是毫無區別地讓學生一直作測驗卷。

再來，教科書出版商通常會提供「題庫光碟」，老師便可以從題庫光碟來尋找題目（判斷的標準就是重要考試的出題與否），而且將題目分散在每一個知識點之後，每教完一個知識點，馬上就在課堂上進入評量。而且在講義的最後面會附上詳解，方便學生自學、訂正錯誤。學思達老師接下來需要思考便是，學生為什麼會自己看詳解、訂正錯誤？如果不會，那就設計出一個機制，促使學生自動完成，例如通過正向加分機制，每一道選擇題，答對可得兩分，答錯零分，但自行訂正之後，弄懂了，零分可以重得一分（而不是答錯了一律零分，還要罰寫三遍之類的）。其目的就是要讓學生可以自學與訂正，以及確實理解錯誤之處，整個過程充滿正向動能。如此一來，老師很快就會發現，每一單元的重點其實很有限，根本不需要考到一百分，必須根據每個單元的重要性不同而有所變化，不重要的地方可能只要考個幾題就可以了，重要的地方就可以設計比較多的考題。

這樣，考試的主導權就會重新回到老師手上，而且還可以將考試平均分散在每一個知識點之後，如果考試題型剛好是問答題，就可以直接拿來當成學思達講義的題目，如果考題是選擇題型，就可以在每一個知識點，先用問答題來問過學生之後，再用「選擇題」來鞏固學生的評量能力。（並且一旦學生有自學能力之後，每天都可以在上課鐘響之後的三到五分鐘之內，每天佈置一道問題或任務，讓學生每天都處在練習當中，並且積少成多。而且也不一定要講解，因為可以附上詳解，或者讓學生討論、上臺發表，可以有很多形式的變化。）

再者，每一個學習新階段（例如國中一年級、高中一年級的第一堂課），就拿高中聯考、大學聯考的最新考古題給學生看，然後直接「設計問題」讓學生開始研究考題，例如「考試時間多長？考題有幾題？有哪些題型？滿分是幾分？考試重點有哪些？這些題目需要哪些能力？」（後面兩個問題需要老師的專業回答）讓學生有具體的感受、認知與學習目標，如此老師在進行教學改變時，會更容易得到學生認同，因為老師每一節課都在幫助學生關注考試、提升成績。

當然，學思達的主力不是只有提升成績，還有其他更多元的能力訓練與教育理想及目標。但是，學思達完全不迴避家長和學生對於成績的期待與關注，而且確實可以做到學生成績的提升。

我常說，臺灣任何創新教學，如果迴避了成績的競爭，也就迴避了傳統講述式明星老師、甚至是補習班所能創造出的好成績挑戰，這樣就很難從根本上改變臺灣教育。

07

問題思考點設計

問題與資料間連動關係

關於問題思考點的設計（每一個問題可以包含：一、學習指引、二、問題思考點、三、教學形式），再加上講義的補充資料（補充資料包含：一、補充足夠而完整的資料、二、老師上課要講解說明的話、三、課本延伸出去的額外補充更多資料），兩者

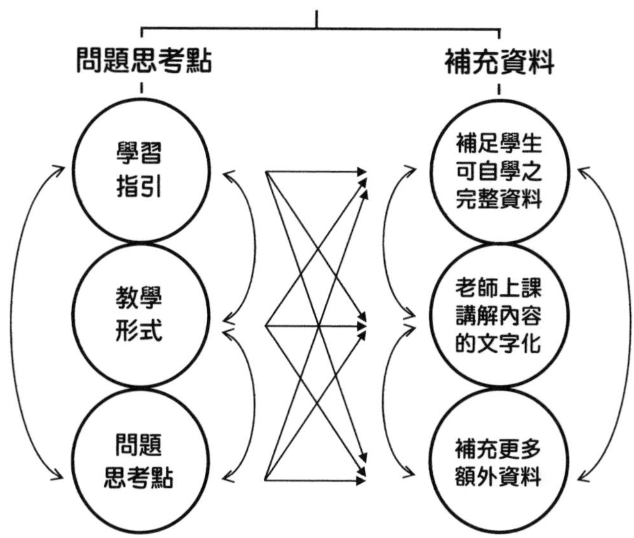

圖八：問題思考點與補充資料間的連動關係

連動之下就會產生許許多多的變化。

以司馬遷〈鴻門宴〉之問題設計為例

「學思達講義的補充資料」則是由三個部分組成，分別是：

一、課本上老師判斷學生自學看不懂的地方，老師以專業判斷必須補充哪些足夠而完整的資料（無論是來自教師手冊、參考書、備課用書、網路資料、專業書籍或是老師原本上課要解說的文字解釋），好讓學生可以自學看懂。

二、老師上課要講解的話、額外補充的話，甚至是老師上課要講的笑話，都可以直接以文字形式呈現在講義上（如果文字難以呈現，是否可以改由其他方式呈現，如圖片、影片等，而把「教師口頭講解」當成最後一個選項）。

三、由課本延伸出去的額外補充更多資料。當學生閱讀速度愈來愈快時，補充資料也就會愈來愈多，這時候額外補充資料就變得非常重要。

當配合本章前面提到的六點預先考量之後，「問題思考點的設計」就會開始和「講義的補充資料」，產生一連串的「連動關係」。因此問題的設計能夠變化多端，並非膠柱鼓瑟、一成不變的。先舉有關司馬遷的生平的問題設計為例，一開始最單純的問法是這樣：

請看課本：司馬遷《史記・項羽本紀》節選〈鴻門宴〉的作者資料（第二十五頁），然後請你簡單扼要介紹司馬遷的生平。

後來又發現，作者生平的資料很多，但是學生怎麼知道哪些是重點呢？老師需要學生特別關注哪些地方呢？那就可以再加入更多細節問題，去凸顯文章的重點，就會變成：

請看課本：司馬遷《史記・項羽本紀》節選〈鴻門宴〉的作者資料（第二十五頁），

然後請你簡單扼要介紹司馬遷的生平。（字？哪裡人？活躍在何朝代？），然後再說明他經過什麼特殊訓練最終能夠成為一個史學家（請再參閱備課用書六至九頁，注釋一至四）？

如果老師覺得有必要在問問題的同時要親自現身特別說明、解釋或強調一下，就可以再加入老師要講的話化為文字呈現，在問題當中直接補充說明，於是又會變成：

（輝誠案：司馬遷的成就太了不起了啦！當代以敘事歷史故事見長的史學家耶魯大學教授 Jonathan D. Spence（一九三六年至今），非常景仰司馬遷，他的老師是中國史學家房兆楹先生便為他取了一個漢名「史景遷」（史學家景仰司馬遷之意）。）

請看課本：司馬遷《史記・項羽本紀》節選〈鴻門宴〉的作者資料（第二十五頁），然後請你簡單扼要介紹司馬遷的生平。（字？哪裡人？活躍在何朝代？），然後再說明他經過什麼特殊訓練最終能夠成為一個史學家？（請再參閱備課用書六至九頁，注釋一至四）——如果你以後想要成為一個史學家（或者說其他方面的專家），請特別注意司馬遷養成的過程，以後你想要成才，或者想要訓練自己的小孩成才，必須先想一想需要給他什麼訓練和培養，請問你從司馬遷的教養和鍛鍊當中學到什麼？你覺得哪些對你很重要？

如果老師判斷課本資料，學生應該看不懂，於是又可以將原本要口頭講解的話，直接變成文字，在問題的下方補充注解。注解內如果又有艱澀難懂的地方，又可以直接再加注解或翻譯：

【補充注解】

1. 夏陽：地處黃河邊，不遠處有座龍門山，是傳說「鯉魚躍龍門」的地方，所以司馬遷在〈太史公自序〉裡說：「遷生龍門」。（輝誠案：因此後世以龍門借代為司馬遷，而所謂「龍門筆」、「龍門筆法」指的是史傳筆法。）
2. 司馬談：漢武帝時任太史令，元封元年（西元前一一〇年），漢武帝第一次至泰山舉行封禪大典，掌管天文、祭祀的司馬談，卻因重病不能參與此事，以致抱憾而死。臨死前，他把史官另一重要職務——整理皇室文獻紀錄，交託給兒子司馬遷：「余為太史而弗論載，廢天下之史文，余甚懼焉，汝其念哉！」（語譯：我作為太史都未能予以論評載錄，斷絕了天下的修史傳統，對此我甚感惶恐，你可一定要記在心上啊！）

然後老師又要思考，提供給學生的補充資料，為什麼學生會特地去看？如果學生不看，那補充不就等於無效補充了，所以，若想要學生特別去關注和閱讀補充講義，就可以又設計成問題反過來問學生，而且為了節省學生時間，再加上學習指引：

（輝誠案：司馬遷的成就太了不起了啦！當代以敘事歷史故事見長的史學家耶魯大學教授 Jonathan D. Spence（一九三六年至今），非常景仰司馬遷，他的老師是中國史學家房兆楹先生便為他取了一個漢名「史景遷」（史學家景仰司馬遷之意）。請看課本司馬遷《史記．項羽本紀》節選〈鴻門宴〉的作者資料（第二十五頁），然後請你簡單扼要介紹司馬遷的生平。（字？哪裡人？何謂龍門筆法（請見補充資料）？活躍在何朝代？），然後再說明他經過什麼特殊訓練最終能夠成為一個史學家？（請再參閱備課用書六至九頁，注釋一至四）（請特別注意他的家學？還有他的父親對他有什麼期待？——如果你以後想要成為一個史學家（或者說其他方面的專家），請特別注意司馬遷養成的過程，以後你想要成才，或者想要訓練自己的小孩成才，必須先想一想需要給他什麼訓練和培養，請問你從司馬遷的教養和鍛鍊當中學到什麼？你覺得哪些對你很重要？

以上的問題和資料補充設計好之後，又必須回到第一點「學生的程度的分析與判斷」，學生能力可以理解這些問題嗎？可以閱讀字數這麼多又夾敘夾議的的問題嗎？學生有能力、有時間可以閱讀補充的資料嗎？如果可以，那就可以直接印給學生；如果不行，那就開始修改，可以減少字數、減少資料、甚至將問題數量一分為多，變成好幾題問答題，讓學生容易回答……，總之有很多靈活應變的方式。

如此一來，老師設計問題時就會發現，「問答設計」、「補充資料」、和「講解文字」，會形成連動關係。要「怎樣問問題」（牽涉到老師到底想要訓練學生哪一種能力），同時也一起連結著「資料應該如何補充」、「老師文字如何解說」，三者之間會一直不斷連動著。

以朱熹〈觀書有感〉之問題設計為例

再舉一個例子說明。假設我只提供朱熹〈觀書有感〉原詩，此外什麼資料都不提供，就設計問題問學生：

請逐字翻譯全詩，並說明全詩主旨。

老師可不可以這樣直接問？當然可以。但是老師必須考慮，學生看得懂嗎？若看不懂，學生可以猜得出來嗎？若猜不出來，學生可能需要哪些工具（參考書、手機、網路）？他們有嗎？最重要的是，老師到底想要訓練學生什麼能力？如果是訓練學生「解讀文言文的能力」，那就當然沒問題，確實可以這樣問。但同時又必須再幫學生想，這種問題的訓練需要耗費學生課堂多少時間？耗費掉的時間值得嗎？——這些考量都是老師必須先幫學生想好。

如果不是要訓練學生「解讀文言文的能力」，而只是強調理解文句、感受詞意或深入賞析，更希望學生可以自己弄懂每一個字意，那麼需不需要幫學生附上重要注解（老師判斷學生有哪些看不懂的地方）？需不需要附上翻譯（其實老師單向講述用口頭講解注釋和翻譯，不也只是提供了解釋和翻譯，只是載體不一樣，一個是語言、一個是文字）？如果需要附上注解和翻譯，甚至再加上賞析，訓練的重點可能又會轉移，不會再是「解讀文言文的能力」，而是「檢索訊息和判讀資料」，並且隨著補充資料變多，原先簡單的問法就能產生出更豐富而多元的問題設計，舉例如下：

問題設計

請見底下朱熹〈觀書有感〉一詩，回答以下問題

1.請填寫空格內的字，並先逐句解釋畫底線的詞語意思，然後再逐句翻譯（你覺得講義上的翻譯，哪幾句翻譯得好？哪幾句翻譯得不好？）。

昨夜江邊春水生，（＿＿＿）巨艦一毛輕。向來枉費推移力，此日中流自在行。

（朱熹〈觀書有感〉之二）

2.看講義內的賞析，請問你覺得哪個地方賞析得很好？哪些不好？為什麼？你有其他不一樣的見解嗎？

補充講義

昨夜江邊春水生，艨艟①巨艦一毛輕。向來②枉費推移力，此日中流③自在行。

（朱熹〈觀書有感〉之二）

【注釋】

①艨艟：音ㄇㄥˊ ㄔㄨㄥˊ，也作「蒙衝」，古代戰船名。以生牛皮蒙船腹背，兩廂開掣棹孔，左右有弩窗、矛穴。見下圖。

②向來：從前、過去。

③中流：猶言「江心」，河流當中。

【翻譯】

昨天夜晚春潮初漲，江水洶湧，巨大的船艦在大江裡航行，如同羽毛一樣輕飄。往常白費了推船移艦的蠻力氣，如今船艦在江心自由自在地航行。

【簡析】

這是一首借助形象説理的詩。

「昨夜江邊春水生，艨艟巨艦一毛輕。」從詩句看，詩人對春雨未著一字。但從字裡行間可以看出，一夜春雨，條條支流匯入大江，才使大江猛漲。第二句是説巨大的船隻漂浮在水面，如同羽毛一樣輕飄。從表面看，詩人並沒有直接描寫水勢之大，但從巨艦輕飄如毛，則反襯出江面寬闊，江水浩蕩。後兩句是説想起枯水季節，水淺船大，推也推不動，白費了不少氣力。而今，船在江心自由自在地前進，一點兒也不費力了。這是此首詩理性的提升。

此詩具體地説明了能力條件的重要性。巨艦在水，水淺則易擱淺，航行困難。水深浮力大，水大好行船。「江邊春水生」與「中流自在行」互為因果，形象鮮明生動。

詩人以泛舟為喻，意在強調讀書做學問，必須下苦工夫、下大工夫。只有工夫到家，才能駕馭自如，得心應手，這也是人生修養達到水到渠成時，一種全新的境界。

我們先看到範例的問題1。首先要求學生「填寫空格內的字」，是要訓練學生的書寫能力，老師只要懂得運用這個方法來設計問題，就可以直接讓學生在課堂上完成很多作業，不一定要回家才寫作業。接著要求「逐句解釋畫底線的詞語意思，然後再逐句翻譯」，這樣學生就會自己去看補充講義的注釋和翻譯（當然老師也可以刻意在注釋和翻譯中，寫上不好或錯誤的解釋和翻譯，這些都是學生很重要的判讀訓練）。再來是要求判斷講義中「哪幾句翻譯得好？哪幾句翻譯得不好？」，這樣的問法，學生就會站在補充資料的基礎上（理解），進入更高階的「分析」與「評鑑」。

在問題2中，要求評價講義中的賞析，並問學生是否有其他不同見解。這樣的問法，學生一樣要先看「賞析」文字才行，又再次讓學生站在補充資料的基礎上（理解），進入更高階的「分析」與「評鑑」。也就是說補充資料是最重要的學習鷹架，讓學生可以站在更高的基礎上，不斷往上。而且直接提供「專家第一手的原始資料」，老師可以不用再閱讀許多資料來冒充是自己的看法，學生也可以直接讀到頂尖學者專家的原始看法。

此外，我們在上一章有講到，學思達老師若需要兼顧學生能力與學業成績的表現，那麼可以在每一個知識點之後，就讓學生進入選擇題的評量，以持續增進學生的考試應答能力。這時在問題設計上，就要考量需不需要給詳解（方便學生自學）？給了詳解之後，學生會不會偷看？如果不想讓學生偷看，要不要詳解考完後再給？可不可以將選擇題變成問答題？示例如下：

請閱讀底下選擇題，選出正確選項（答對者可得兩分），並訂正所有錯誤。（訂正後，無論對錯皆可再得一分。）

（　）1.下列詩句，何者流露出懷古傷懷的情懷？

（A）鳳凰臺上鳳凰遊，鳳去臺空江自流。吳宮花草埋幽徑，晉代衣冠成古丘

（B）朱雀橋邊野草花，烏衣巷口夕陽斜。舊時王謝堂前燕，飛入尋常百姓家

（C）昔人已乘黃鶴去，此地空餘黃鶴樓。黃鶴一去不復返，白雲千載空悠悠

（D）多情卻似總無情，唯覺樽前笑不成。蠟燭有心還惜別，替人垂淚到天明

（E）三顧頻煩天下計，兩朝開濟老臣心。出師未捷身先死，常使英雄淚滿襟。

老師在設計問題時，如能懂得善用「問答設計」、「補充資料」和「講解文字」之間的搭配與變化，就會設計出許許多多巧妙而精采的問題。

08

問個好問題

個別型知識點的問題設計

設計問題，一開始的起始點考量是學生的程度，接下來便是建立在老師自己本身對於知識點（文字、圖片或影片等等形式）的「解析能力」之上。換句話說，老師自己本身必須具備對知識點的深刻解析能力，而解析能力之所以產生，常常又來自於老師的自學能力，閱讀、理解、蒐集資訊、分析、判讀、比對、應用，甚至創造，換句話說，學思達老師也會進入思考、自學和表達（此處所謂的「表達」是指老師用講義文字的形式和問答題的方式呈現）——也就是說，「教人學思達者，必先自己學思達！」而且老師必須深入每個知識點各種層次的認知目標，才有辦法反過來設計問題來問學生，讓學生可以達到老師已然達到的認知目標，並且有很多機會可以超越老師。

封閉型和開放型問題的區別

問答題最簡單的區分方式，即「封閉型答案的問答題」和「開放型答案的問答題」。前者是問題本身有「絕對的標準答案」，舉例來說，例如把考卷上的選擇題原本的四到五個選項直接拿掉，選擇題馬上就變成問答題，特徵是沒有選項可以選（所以難度比原本的選擇題還高），但每道題目原本就都有「標準答案」，這就是典型的「封閉型答案的問答題」。「開放型答案的問答題」則是「相對的、標準不一的答案」，例如問答題是「讓學生說出自己的看法或意見」，就會出現不同的答案，這些答案也許有對錯好壞之分，評判標準會根據題目本身而有所改變，通常也不一定會有固定標準答案。

老師如果先有一個簡單概念，問答題可以區分成兩類（開放和封閉），就可以將傳統的「選擇題評量」直接改換成「問答題」（只要刪去選項就可以了），並且用「封閉型答案的問答題」來確認及鞏固學生學習新知識點的起點，然後再透過「開放型答案的問答題」來繼續拓展和延伸學生的知識和能力。

附帶一提，相較於選擇題，問答題可以隨心所欲地問到選擇題難以企及之處，例如「開放、沒有標準的各種答案」（如此一來，學生就能保有創造力和想像力）、例如「範圍伸縮自如」，問答題可以從最小的單元（如一個字、一個詞、一個觀念），也可以到一段、一篇文章、一段章節，也可以是多段、多篇文章、多個章節，甚至一本書、多本書等等，都可以很輕易設計成問答題的題目。而通常在課堂上，學生對於「封閉型答案的問答題」的討論較不熱烈，因為已經有了標準答案，討論時比較像是「核對答案」和「會的同學教不會的同學」；但對於「開放型答案的問答題」的討論，通常積極而熱情，一方面是因為沒有標準答案的壓力，另一面則是因為彼此有不同想法和觀點，藉由分享，彼此產生更多激盪。

布魯姆認知六目標

設計知識點的問答題，若要擁有更多的設計類別思維，我的建議是從「布魯姆認知六目標」入手，比較容易有一個清晰易懂的完整概念。

布魯姆認知目標，自一九五六年發表之後，又在二〇〇一年作了大幅度的修正，修改之後的「認知歷程向度」（Cognitive Process Dimension），強調認知歷程的動態過程與漸增複雜的階層概念，目的促進學生保留和遷移所學得的知識。「認知歷程向度」主要分成六大類：記憶、理解、應用、分析、評鑑、創造。

設計知識點的問題時，若有布魯姆認知六目標的概念，就可以針對不同的知識點，賦予不同層次的問題設計，問題的設計便能愈來愈豐富而多元。底下先簡要依其字面的意思，各舉一種問法（當然不是只有這幾樣的問法，問法有非常多種，靈活多變，完全取決於老師想要強調什麼重點，想要訓練學生什麼能力，還有到底想要達到什麼樣的認知目標），請特別注意畫線的地方。

記憶：請闔上書本，重述這一個單元的主要內容為何？

理解：請問這一課主旨是什麼？

應用：在我們日常生活中，你曾遇到類似這一課內容提到的狀況嗎？

分析：為什麼這一課的主角最後會成功？你覺得有那些原因？

評鑑：這一課你最喜歡哪一段？為什麼？

創造：請小組全體同學用戲劇演出來，並加上不同結局。（也可以是畫出來、拍影片、寫出來等等）

透過布魯姆認知六目標，設計問題時最少就有六種不同（還可以自由選擇）的切入點，慢慢熟悉之後，就可以再深入認識布魯姆認知六目標底下又再細分出的次類別，底下列出各種次類別，並以《學思達》一書為例，針對各種次類別，設計出各種問法的問答題。（設計問題時，又必須同時一直加入「學生程度」、「問題設計」、「訓練學生何種能力」、「達到何種效益」、「如何評量」來共同考慮。）

1. 記憶（Remember）

次類別	相關詞	問法及例子
1.1 確認（recognizing）	確認（identifying）	例：請將昨天所學《學思達》第一章重點寫出來，然後再翻閱課本，重新確認是否無誤。
1.2 回憶（recalling）	搜尋（retrieving）	例：請回憶剛剛閱讀《學思達》第二章的內容，回答以下問題……。

2. 理解（Understand）

次類別	相關詞	問法及例子
2.1 說明（interpreting）	釋義（paraphrasing） 陳述（representing） 轉譯（translating） 釐清（clarifying）	例一：請說明「學思達」三個字的意思。 例二：請解釋「學思達」的五個步驟。 例三：請將「學思達」翻譯成英文。 例四：請釐清並陳述「學思達」與「翻轉教室」兩種不同觀念。

2.2 舉例（exemplifying）	舉例說明（illustrating）、例如（instantiating）	例：請舉例說明「學思達」在教學現場實施時的六點特徵。
2.3 分類（classifying）	分類（categorizing）、歸類（subsuming）	例：翻轉教育在臺灣區分為兩大類，一是「翻轉教學」、一是「翻轉教育」，請問「學思達」歸在哪一類？並請說明原因。
2.4 總結（summarizing）	摘要（abstracting）、建立通則（generalizing）	例：請摘錄《學思達》一書第三章的重點。
2.5 推論（inferring）	推斷（extrapolating）、歸因於（interpolating）、預測（predicting）	例一：閱讀完《學思達》一書之後，你推斷在教學現場的可行性高嗎？為什麼？ 例二：就你判斷，你預測學思達將來的發展可能性為何？（會持續擴大影響力？還是會停滯不前？還是會開始萎縮？）

2.6 比較（comparing）	對照（contrasting）、 類比（mapping）、 配對（matching）	例一：請比較「學思達」和「學習共同體」兩種教學方法。 例二：請對照「學思達」和「合作學習」的比較圖，並說明兩者的特色。 例三：如果將「學思達」和「薩提爾」配對起來，請說明其各自特徵。
2.7 解釋（explaining）	建構（constructing）、 使用模式（models）	例：請解釋蘇格拉底式的問答（拷問）模式如何融入在「學思達教學」當中。

3. 應用（Apply）

次類別	相關詞	問法及例子
3.1 執行（executing）	進行（carrying out）	例：請根據《學思達》一書的指引，實際執行操作一次完整的學思達五個步驟。
3.2 履行（implementing）	運用（using）	例：請將所學到的學思達概念和方法，具體而完整地實踐在一整堂課。

4.分析（Analyze）

次類別	相關詞	問法及例子
4.1辨別（differentiating）	區別（discriminating）、分別（distinguishing）、聚焦（focusing）、選擇（selecting）	例一：請辨別並區分「學思達」和「學習共同體」的不同處。 例二：請在快速翻閱《學思達》一書，並快速聚焦，找出三個關鍵字，足以言簡意賅代表此書核心觀點，請問是哪三個關鍵字？並說明為什麼？
4.2組織（organizing）	結構化（structuring）、尋找（finding）、連結（coherence）、概述（outline）、剖析（passing）	例一：請用心智圖（魚骨圖、九宮格圖、樹枝圖、梯形圖皆可）畫出《學思達》的第四章內容。 例二：請分析《學思達》一書第四章以及《學思達增能》第一章的連結關係為何？
4.3歸因（attributing）	解構（deconstructing）	例：你覺得學思達教學之所以會在臺灣、甚至東南亞的教育引起風潮，主要的原因為何？

5.評鑑（Evaluate）

次類別	相關詞	問法及例子
5.1 檢查（checking）	協調（coordinating）、檢視（detecting）、監視（monitoring）、施測（testing）	例：請檢查《學思達》五大步驟是否有疏漏之處？若有，請問是什麼？為什麼？
5.2 評論（critiquing）	判斷（judging）	例：請問你認為「學思達」和「學習共同體」的各自優劣處為何？

6.創造（Create）

次類別	相關詞	問法及例子
6.1 醞釀（generating）	提出假設（hypothesizing）	例：假設你現在是學思達老師，請問你覺得課堂上會遇到哪些問題？應該要如何克服？

6.2 規劃（planning）	設計（designing）	例：請問閱讀《學思達》之後，你是否也可以創造出一個全新的教學方法，可以改變填鴨教育，並給這個教學一個名字？
6.3 製作（producing）	建構（constructing）	例：請問當你看過真實的學思達教室現場，如果你也要進行學思達教學，請問你認為需要自行準備或製作哪些教材和教具？

一開始老師可能不太知道如何設計問答題，我認為布魯姆認知六目標是很好的「設計指引」，讓老師很快擁有一組簡易又清晰的概念，知道設計問題的方向和切入角度。然後以此為基礎，不斷融攝其他問題設計的考量或標準，然後又有意識地融入「想要訓練學生何種能力」來一起考量，例如語文科目的老師強調「聽說讀寫」，就可以在布魯姆的認知六目標的架構下，設計出強化學生「聽說讀寫」能力的問題或任務。

聽：請聽錄音帶的聲音（或老師的念誦），回答……。

說：請上臺回答……。

讀：請閱讀第1到第3頁，回答……。

寫：請將底下問題的答案，寫在空白處。

如果老師想模仿PISA（國際學生能力評量計畫）來訓練學生的閱讀認知能力（如圖九），那麼就可以透過「分析PISA命題標準」以及「PISA題目類型與特質」來設計題目。如果有布魯姆認知六目標的完整概

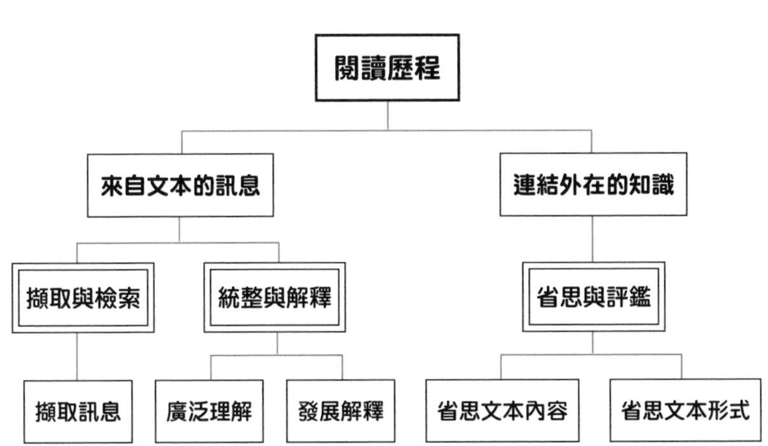

圖九：PISA 評量的閱讀歷程

念，就會發現ＰＩＳＡ的閱讀認知能力：「擷取與檢索」、「統整與解釋」、「省思與評鑑」，大概和布魯姆的理解、分析、評鑑吻合，但是較少「記憶」、「應用」和「創造」的能力（當然，ＰＩＳＡ本身也不斷在調整其考試方式，以後也有可能會出現）——這樣的好處是，不管面對什麼樣的考試、能力、素養等等，只要有布魯姆的認知概念，就能有一個清楚的相對比較目標，可以參照與補足、更可以截長補短，讓問題設計愈來愈豐富而深厚。

再者，當老師開始深入學生的各種能力訓練時，很快就會發現學生幾乎沒有這些能力，可能缺少自學能力、閱讀能力、擷取訊息能力、整理筆記能力、討論能力、發表能力、合作能力，於是老師就會開始想辦法去尋找相關資料，自己先自學、先學會，然後再編成學思達講義（自編教材再加上問題）逐一來訓練學生各種能力。如果再有布魯姆認知六目標的概念，老師除了原本有意識地將之結合課堂的知識點融入問題設計之外，也開始會更進一步，想要也來訓練學生這六種認知目標能力，例如教導學生擁有更高效益的記憶方法、理解方法，以及建立更高效能的應用、分析和評鑑能力，還是教會學生如何激發出更豐富的創造力。

焦點討論法（ORID）

深受各種會議採用的「焦點討論法」（ORID），其實也很適合做為學思達設計問題時的參考。「焦點討論法」的ORID，即是四個英文字彙各取其開頭字母所組成，分別為：

O（Objective）：客觀事實。

R（Reflective）：感受反應。

I（Interpretive）：意義詮釋。

D（Decisional）：做出決定。

「焦點討論法」的好處是，讓眾人討論時可以呈現出清晰的脈絡與層次感，也能擁有嚴謹的邏輯感，而且只需要一個主導的人知悉且會運用（如果彼此都懂就更好了），就可以帶領大家從「事實→感受→觀點→決定」層層遞進，抽絲剝繭，讓討論達到最好的效益。

雖然「焦點討論法」，一開始是用在討論，而且主導的人非常重要，如果將之移轉到教學現場，大家很快就會發現，主導的人就是老師，老師可以用「焦點討論法」的概念再加上「口頭引導」的方式，讓學生開始進行討論（當然，如果老師還是單向講述，「焦點討論法」應該就毫無用武之地了）。尤其對學思達老師而言，還會把上課要問的問題、要補充的資料、要講解的話，盡可能轉換成為文字。如此一來，「焦點討論法」就可以拿來做為學思達老師設計問題時的參考依據，也可以拿來做為學思達上課時「師生問答」時教師追問的技巧參考，甚至也可以拿來教會學生在課堂上「生生討論」時，如何進行良好而有效率的討論過程。

先依照「焦點討論法」的原則簡單設計如下：

O：請問看完《學思達》一書，你看到了書上有哪些重要觀念？

R：請問看完《學思達》一書之後，你有什麼感覺？（正面還是負面情緒？有哪些情緒？）

I：請問看完《學思達》一書，你的看法是什麼？

D：請問看完《學思達》之後，你會採取什麼行動？（你會想在課堂上實踐嗎？）

如果再加之前所談到的「問題設計」、「講義補充」和「老師講解」，再又加上布魯姆認知六目標，就能逐漸設計出更為豐富多元的問題和學思達講義。

「焦點討論法」的次序或邏輯感，布魯姆的認知六目標當然也有次序與邏輯感，兩者不同之處在於，布魯姆的認知六目標強調在知識的學習認知上，即使也有各種層次（例如由低而高）「記憶→理解→應用→分析→評鑑→創造」，但主要還是在學習方面，所以並不利於進行口頭討論，而且也缺少了「人的情意」的關注；而「焦點討論法」則巧妙地在「客觀事實→人的情意→人的理性→判斷與意志」之間遊走，先關注了「人的內在情緒」，再談論「人的觀點」，再串聯起「事與人」、「人與人」、「內在與外在」的溝通與連結，這些都非常棒，加上簡便易懂，很適合推廣。（當然，我覺得薩提爾的冰山圖可能比「焦點討論法」還更能達到細膩且深入的層次和脈絡，關於這一點，下一節或再論述。）

底下文章是學思達核心教師郭進成老師所寫，他是最早接觸學思達的老師，當他接觸ＯＲＩＤ之後，他怎樣在學思達教學的基礎上融入ＯＲＩＤ，他是怎樣理解、怎樣思考、怎樣重新設計，相當精采！可以做為範例。

高雄市英明國中郭進成老師分享

週末前往文藻外語大學參加研習，接觸到焦點討論法，如何運用由發散到收斂的問題引導學習者探討文本（電影／活動／文章），受益良多。研習中引導師運用焦點討論法ORID帶領大家在看完《我愛金正恩》影片進行對話時，我比較明白自己這段時間的成長或跨越到底發生了什麼事？在此做個分享：

Objective（客觀事實）

這個階段，引導師讓看完電影的我們一一分享哪些畫面讓你較有印象，但不用說明理由。每人只要說一個就好。之後是分享自己還記得影片中的一句話。如果套用在我的公民桌遊社，我會問的問題，大概是問學生：「有觀察到什麼嗎？發生什麼事？誰速度最快？誰的牌最大？你怎麼贏的？」也就是具體問題。

基本上就是以“What do I see?”的問句發問。也就是先協助大家回顧文本（電影／活動／文章）裡的重點／細節，藉由這樣的核對讓參與者看見各自觀看焦點的多元異質，也得以建立共同討論的事實基礎。另方面，也是讓引導者了解參與者實際的學習情況，以便調整接下來的引導內容與問題。這樣的詢問其實也很適合個人經常用來核對自己的內在：我的內在發生什麼呢？

Reflective（感受反應）

引導師接著詢問大家，剛剛觀影過程中，有些地方大家都笑了。請大家分享一下哪些地方讓你感到好笑。學員此起彼落的分享著。引導師再問，哪些地方讓你感到驚訝呢？一樣讓大家回應。最後，她的問題是「那麼哪些地方是讓你感到沉重的？」這些問題如同引導師最後的說明，是有層次的，由表面的感受（好笑、驚訝）到較內斂的沉重感受。

這個階段的提問句型就是“How do I feel?”為何要問這樣的問題呢？這樣的問題對於課程討論有何意義或重要性？除了這段時間因為薩提爾模式帶來的影響，使我更加看重感受外，主要的理由還在於這是讓參與者更容易投入課程與內化學習的關鍵。也就是讓外界的客觀訊息開始與學習者自身產生連結。透過這樣的提問，比較能引發學習者的學習意願與專注內觀。

例如在公民桌遊社，我會問：「活動過程中，哪些地方（時刻）讓你覺得卡住？

沮喪？有趣？驚訝？困惑？緊張？怎麼說？可以多說一點嗎？看到同隊沒有做好時，你有什麼感受？當自己的表現不好時，你會感到……？剛剛一結束活動時，你第一時間的感覺是……？分享自己／找尋夥伴是否容易？」同樣的，個人也可透過自問自答／自言自語，探詢對於當下糾結我們的困境／難題有何感受。

Interpretive（意義詮釋）

引導師此時總結上面兩個階段的討論，問大家：「所以什麼是真相／假相？」這階段，引導師不同於前二個階段的大班互動（引導者問，參與者答），而是邀請參與者進行小組討論。以學思達課堂流程來說，也是如此。為了讓課程節奏較為緊湊，有些較具體、封閉的問題就可以直接由教師提問，可略過小組討論，讓學生回答就好。但如果是較開放、有挑戰性的問題，就比較適合以小組討論的方式來進行。

小組討論時間一到，引導師邀請各組分享，讓其他組別也能聽見別組的討論內容。最終她藉由詢問一個問題來緊扣核心：「你對『宣傳』有何看法？」一樣是進行小組討論。這部影片的中譯名是「我愛金正恩」，但英文片名正是“The Propaganda Game”也就是「宣傳遊戲」。片名是「宣傳遊戲」，所以引導師的提問正是核心問題，「你對『宣傳』有何看法?」有何理解?從影片和大家、小組的討論中，有什麼新的發現或學習呢?對你的未來教學會有什麼影響?

這階段的問題句型是“What do I learn / found / realize?”。在公民桌遊社，我也會詢問我的學生：「你在今天的活動中有何學習?當大家一再拿到同樣的牌，這意味著什麼?這個活動給你最大的啟發是什麼?你對自己／小組今天的表現有何看法?」

Decisional（做出決定）

這個階段，引導師讓我們小組共同討論出兩個想再進一步了解北韓的問題是什麼，做為銜接另一位專家講座的過渡。

“What shall we do next?”會是這階段的提問主要句型。如果是我，我會詢問我的學生：「如果再來一次，你會怎麼做來增加獲勝的機率？或者，如何自我介紹比較能讓人留下深刻印象？怎麼做才能解決衝突或減少衝突？我該如何找到幫助我的資源？我會對小時候受傷的自己說些什麼？如果我是他，我會怎麼做？」以薩提爾模式的對話，就是在問自己：「我到底想得到什麼？什麼樣的結果是我期待的？」

薩提爾模式

美國著名「家族治療」專家維琴尼亞・薩提爾（Virginia Satir），在累積三十多年的家族治療第一線工作之後，發展出許多助人技巧，包括雕塑、求生存姿態、隱喻、面貌舞會及家庭重塑的治療性應用方法，其中冰山圖對於人的行為與內在，有很細膩的描述與剖析。（詳見圖十）

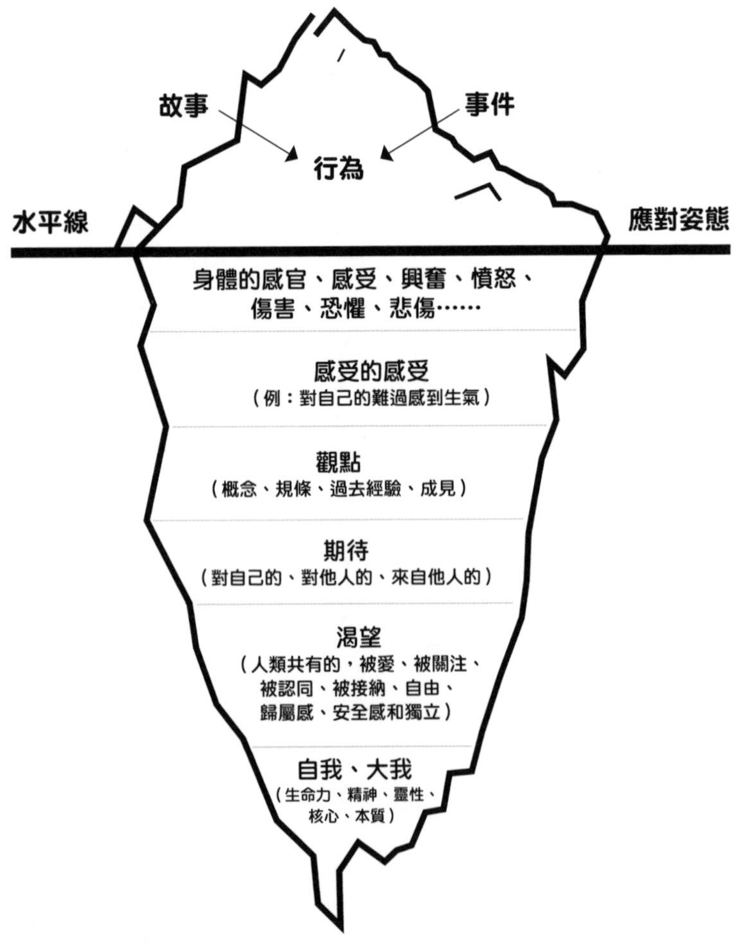
故事
事件
行為
水平線
應對姿態
身體的感官、感受、興奮、憤怒、
傷害、恐懼、悲傷……
感受的感受
（例：對自己的難過感到生氣）
觀點
（概念、規條、過去經驗、成見）
期待
（對自己的、對他人的、來自他人的）
渴望
（人類共有的，被愛、被關注、
被認同、被接納、自由、
歸屬感、安全感和獨立）
自我、大我
（生命力、精神、靈性、
核心、本質）

圖十：薩提爾冰山圖

學思達老師如果能認識、熟稔「薩提爾冰山圖」，並加以實際運用，對課堂上與學生應對、對話，以及對自己內在的察覺與安定，都有莫大的幫助。除此之外熟悉冰山圖，也可以拿來做為設計問題的參考，例如薩提爾的冰山圖由上而下分別有「行為、應對方式、感受、感受的感受、觀點、期待、渴望、自我」，可以再將相近的層次結合在一起，變成「行為、應對方式、感受、觀點、期待」就可以依此設計出這些題目：

行　為：請問張輝誠為什麼要寫《學思達》這本書？

應對方式：請觀看張輝誠在臺灣大學演講學思達影片，請問他在演講中最常出現的應對姿態是「指責、討好、超理智、打岔」的哪一種？你覺得這樣好嗎？你可以示範給張輝誠看第五種「平和而內外一致的應對姿態」嗎？

感　受：承上題，當你聽演講時看到張輝誠演講時是這樣的應對姿態，請問你內心的感受為何？

觀　點：你怎樣看待張輝誠演講中的姿態？你認同他提出來的學思達點觀點嗎？如果認同，是哪些地方認同？如果不認同，是哪些地方不認同？

期　待：你希望看到張輝誠可以有哪些改進的地方？

熟悉冰山圖，運用在問題設計上的好處是，可以深入「人的內在」，探索更多難以捉摸、幽微難言的內心世界，可以用來探索老師自己的、也可以是學生的、更可以是文章中的人物內心世界，懂得這些，就能將這些融入學思達講義中的問題設計，進入截然不同的內在問題層次。

底下是新加坡田園老師〈誰的錯？——人物性格分析〉教案的大綱。教案中巧妙地運用薩提爾的「家族雕塑」、「冰山圖」，又融入「焦點討論法」以及其他方法，讓課文本身與問題設計、活動設計緊密結合起來，教學過程變得豐富而立體，並且從現象深入到各自人物的內在，非常精彩。（這個教案並榮獲了「第三屆國際學校漢語教學研討會」優勝獎。）

新加坡田園老師分享

這是小學六年級高級華語第三課〈七步成詩〉的活動設計，大家如果能用到，可以把你的活動反思也記錄下來。

活動一：歸納意義段內容

・每組一張活動紙，討論並寫出課文中幾個事件的內容（活動紙１）。

・小組分享，老師總結。

活動二：焦點訪問式學習

・選出三個學生代表曹操、曹植和曹丕。

・其他同學做記者，對課文中的幾個事件提問，發現三個人物的感受、想法和觀點。

・整理活動紙，寫出對每個事件，三個人物的想法和感受。

活動三：定格式學習

- 選兩個同學做曹植和曹丕。
- 在曹植寫出七步詩後，人物定格，其他同學選自己的位置和姿態。
- 每個同學表達自己的看法和感受。

活動四：分析人物性格

- 每個人發一張卡片。
- 重新組成專家組，每個組討論一個人物性格：曹操、曹植和曹丕。
- 每個人記錄下自己參與討論的人物性格。
- 專家回到自己的組，把自己負責的人物性格，跟大家分享。
- 小組總結整理這三個人物的性格。

活動五：曹植和曹丕人物性格形成的原因

- 小組根據活動紙上的事件，分析曹操是怎麼樣影響曹植和曹丕的性格。

・課堂分享。

活動六：分析作者的觀點

・小組討論：作者要表達的觀點是什麼？

・你認同作者的觀點嗎？難道曹操、曹植就沒有錯嗎？

活動七：角色扮演

・如果你是曹操，你會怎樣對待曹植和曹丕。

・如果你是曹丕，你會怎樣對待曹植？

活動八：分析自己的性格特徵及形成原因

・自己列出性格特徵。

・思考家庭、同學、朋友對自己的影響。

活動九：創意寫作

・這篇文章通過具體事件，描述人物性格。

・學生寫一段故事，從而表達人物性格。

09

問個好問題

統整型知識點的問題設計

老師要面對的當然不是只有一個小知識點，而是一課內容或是一個單元，然後延伸出去，變成一個主題、多個主題，甚至是一本、兩多、多本教科書內容，或是一年、兩年、三年、數年的完整課程。但是無論課程內容的多寡，一開始確實都可以一個單一的小知識點來考量，如何補充資料、如何設計問題。然後開始擴展到一整課、一個完整單元或一個完整主題，最簡單的方式就是較大的知識內容直接切成小知識點，設計成問題，如此一來就會出現愈來愈多的問題和補充資料，問題數量一增加，就必須考量有所「抉擇（取捨）」和問題之間組合的「層次」關係。

問題數量多寡的抉擇（取捨），又和「學生能力」、「課堂時間」以及「知識點的核心目標」緊密結合在一起，前兩者的關聯之前已經敘述過了，這裡再加入「核心目標」的考量。每一課程內容的「核心目標」確立了，就可以透過以達成核心目標的問題設計來展開，然後考量學生若要達到這個「核心目標」，是否還需要其他問題和資料的支持，若需要，就可以再搭建「鷹架」，讓學生可一步步達到核心教學目標。也就是說，當知識點放大、變多的時候，再將大的知識點切成小單元之前，永遠都先關注「每個大知識點的核心觀念」，然後由此核心觀念再延伸出「圍繞核心觀念的鷹架」。

所以，當問題數量變多，課堂時間又有限制，問題數量必須有所抉擇（取捨）時，就必須先以核心問題保留為優先，再保留其他必要的鷹架問題，換言之，離核心目標愈遠的問題，都可以優先刪除。

另外，當問題數量變多之後，自然而然就會出現問題間的連結關係，老師設計問題時，心裡就可以先有一些組成問題間的層次、脈絡觀念，例如布魯姆的認知六目標，是由「高到低」（記憶、理解、應用、分析、評鑑、創造），也可以是ＯＲＩＤ的從「發散到收斂」、從「客觀到主觀」（事實、感受、觀點、決定），也可以是薩提爾的「由外到內」（行為、感受、觀點、期待、渴望），當然也可以加入其他學說或方法的各種不同層次，只要老師在設計問題時擁有一套脈絡和層次感，循序漸進，就能將學生帶領學生進入不同層次的學習境域。當然，也可以將這些全都混合在一起，自由靈活變化，例如將布魯姆結合ＯＲＩＤ，將布魯姆結合薩提爾，將ＯＲＩＤ結合薩提爾，又或者將布魯姆、ＯＲＩＤ、薩提爾都結合在一起，也可以將其他不同問題設計的概念再加進來，形成愈來愈豐富的問題設計有機體系。

問題模組的形成

再者，當老師設計問題的經驗愈來愈豐富之後，自然而然也會進入「問題模組」，每一個文本或每一個課程單元，可以怎樣展開問題設計，慢慢都可以整理出一個模組出來。例如學思達國中數學科劉繼文老師，他面對每一個數學單元，仔細分析自己是如何思考、如何設計問題，然後在大陸「第一屆洋蔥數學HOPE教師大會」分享出來，獲得很多與會傑出數學老師的讚賞。

另外，之前提到過的田園老師，她是小學老師，來自中國大陸，是新加坡最早學習和實踐學思達、最早隨時開放教室的老師，一直默默獨自製作學思達講義三年多。在下面這篇於「新加坡教學工作坊大會」發表的文章中，她將三年多來製作「華語科」學思達講義的總經驗，組織、整理成一個模組，關於華語課文中的「課文標題」、「課文理解」、「理解問答訓練」、「語文知識」應該如何設計問題，都有提供完整的敘述與提問例句，讓老師可以自由選用不同的問法，非常精彩。我特別徵得田園老師同意，將她的檔案分享出來，這樣就可以幫助更多新加坡老師（也很值得臺灣老師參考），幫助更多老師，就能幫助更多學生。

心法 3

主持引導力

You got it!

10

運作與引導

學思達課堂前的三個準備

學思達教學之成敗，取決於「課前製作之學思達講義」與「課間教師之主持能力」兩大關鍵。「課前製作之學思達講義」增能，前兩章已然敘述，此章著重在「課間教師之主持能力」，其重要性在於「驅動學思達於教學現場的真實實踐」。如果說「課前製作之學思達講義」是劇本，那麼「課間教師之主持能力」就是導演兼主持人，將寫好的劇本，真實表現、實踐出來。

1.學思達老師的授課模式

一個好的學思達老師，上課狀態和傳統單向講述的老師截然不同：

首先他不會永遠站在講臺，而是當學生在自學、思考、討論的時候，他會安穩地遊走於學生座位之間，觀看學生自學的狀態、回應學生舉手提問的問題（不斷引導，卻不提供答案），遇到學生自學時出現任何特殊狀況（如不自學、不思考、不討論、聊天、發呆、做其他事、滑手機、睡覺等等），就會馬上開始面對狀況，直接進行一對一、一對二、一對一組或一對多人的對話、指導或輔導（所以老師還必須學會良好應對姿態，以及良好的師生對話及輔導能力）；當學生的自學、思考、討論活動結束，學思達老師還必須馬上化身為主持人，抽籤讓學生站上講臺回答問題（所以老師必須學會各種學思達機制，否則學生不一定會上臺、不一定願意講話），自己則站在講臺的旁邊（最好的位置是講臺上學生的左前方或右前方，方便關照到全班同學及臺上學生）。

當學生上臺回答完問題，老師就必須在極短的時間內做出反應，快速判斷學生回答內容的對錯、好壞、粗陋或周密，然後決定採取哪一種應對，要深入追問、或逐一引導、或加以評論、或開放搶答、或進行辯論（所以老師要有良好的主持能力、快速反應能力、引導能力，當然還有深厚的學養，以及截然不同的教學觀念和方式，最明顯易見的就是：老師什麼都可以說，就是不能直接告訴學生答案）。

並且在學生上臺、老師主持，師生開始進行知識交流與思考成果的頻繁、大量碰撞之下，老師還必須保有穩定而寬厚的平和之心，在理性的對話當中，還能敏銳察覺學生的外顯行為（如表情或動作），以及內在的感受、觀點、期待與渴望，甚至可以契入學生最深的內在，點燃學生內心深處本自具足的生命力、誘發學生本自擁有的內在能量（所以學思達老師必須學習薩提爾模式，讓教學從熱鬧華麗，漸漸走向樸素自然，最後又再走入深厚安穩、卻又源源滾滾、健動不息的教學樣貌）。

最後，當老師讓一個或數個學生上臺，發表個人思考或小組討論出的答案後，老師還必須針對此一知識點的本身內容，以及學生所發表的內容，進行統整，或歸納、或綜合、或深化、或點評（所以老師必須對專業學科知識內容有完整的掌握、深入的能力、豐沛的素養）。一個學思達小循環：自學↓思考↓討論↓表達↓統整，結束之後，再進入下一個知識點，周而復始，不斷循環。

2.運作學思達課堂的三個準備

因此，當一個學思達老師進行第一堂課時，就必須擁有清楚而熟悉的概念及做法：

第一、老師必須擁有學思達講義。如果沒有，可以從最簡單的「問答式教學」開始，只用口頭提問（大多數時間填鴨都沒關係，只要每一堂課的最後或中間，問學生一兩個「核心關鍵問題」），從最簡便的方式開始嘗試改變；過一段時間，下一步就可以慢慢將問題製作成「PPT投影片」呈現；再過一段時間，就可以將問題製作成「書面文字」，最後又可以再慢慢加入「補充解說和資料」，由簡單到周密、從課堂一小段時間逐漸擴展到整堂課，再加上學思達的流程與各種機制，就能慢慢轉向全部的學思達。

第二、老師必須清楚記得學思達的五步驟流程。（自學→思考→討論→表達→統整）

第三、老師若要讓學思達五步驟順利運轉，就必須先了解要搭建哪些機制，學生才有可能順利自學。例如若要讓學生開始「自學和思考」，就必須先有「學思達講義」才能辦到；若要讓學生開始「討論」與「表達」，就必須搭建學思達各種機制（分組、創造合作又正向競爭、計分的機制等等）；若讓學生順利「表達」之後，老師要進行「對話」與「統整」，老師就必須學會平和、和諧又內外一致的對話技巧（薩提爾模式）。

學思達五個步驟以及各種機制，都是環環相扣，一個驅動一個，最後就能讓學生順利運轉，開始自學、思考、表達，而且是周而復始的自學、思考和表達，同時又能點燃學生內在的能量，不斷訓練出學生各種多元能力。

11

對話與連結

學思達第一堂預備課

底下將從學思達老師的第一堂課開始，說明如何從第一堂課，進行簡單的學思達教學，展開師生對話。其中最重要的關鍵在於：如何透過薩提爾式的對話，快速和學生建立連結；然後再由此佈置各種學思達機制：分組、創造合作又正向競爭、以及計分機制；接著再進入學思達教學的各種環節。同時並將說明學思達老師如何增強各種所需要具備的能力。

透過公開自我介紹建立師生連結

學思達要如何在第一堂預備課時快速建立師生連結？當老師接到一個全新的班級，進行第一節課（或第一次見面，如新生訓練）有一個完整時間，老師可以在黑板上寫下各種問題（即學思達的問題設計，每一個問題背後都有特殊用意），讓學生上臺依照指示或提問來進行自我介紹。例如問題可以是：說出「姓名、簡單解釋自己姓名的意思、綽號、住處、畢業學校、進入這個學校或班級的心情如何」、「以前擔任過班級何種幹部、以前導師對你擔任班級幹部的評價為何」、「興趣和專長」、「對這個班級的期待」、「將來的志願為何」等。

每一道問題背後都是特殊用意，例如問「姓名、簡單解釋自己姓名的意思」，老師就可以透過回應來連結學生的自我認同與價值；問「進入這個學校或班級的心情如何」，老師就可以察知學生的內心感受；問「以前擔任過何種班級幹部、以前導師對你擔任班級幹部的評價為何」，老師可以得知學生的經歷與能力，同時又連結他們的價值感，因為有良好的幹部經驗、老師曾經誇獎過的學生，通常都會很樂意在這樣的場合分享出來，老師就可以透過回應來增強他們的內在信心，同時又可以延伸出去進行班級幹部的徵選與自動投入選拔競爭（如何做到，詳見後）。

在前面提到的問題中，又以「綽號、興趣和專長」對師生以及生生之間連結的建立最為關鍵。例如學生說出自己的綽號之後，老師便要追問：「你喜歡這個綽號嗎？」、「你願意讓同學叫你時用這個綽號嗎？」、「你會介意老師用這個綽號叫你嗎？」若是學生願意，我就會在私底下叫他們綽號（當然公開場合還是叫名字）——這個小舉措，其實是拉近師生關係的一個關鍵（不信大家試看看，別人喊你時，喊姓名三個字、兩個字、一個字、綽號，請感覺一下有什麼差別）。

另外，為什麼要讓學生上臺講興趣和專長？因為一旦學生開始分享，老師主持時就可以幫助學生和學生之間做連結，例如學生說他喜歡看「某某動畫」，老師可以正向好奇、深入追問，然後再問同學們，有沒有人也喜歡看「某某動畫」，若有人舉手，就可以反過身來對臺上同學說：「你們有共同的嗜好，說不定可以變成好朋友。」若沒有人舉手，就可以向臺上同學說：「你這個嗜好很特別，班會時是否可以請你向同學們介紹五分鐘，說不定有人會因為你的介紹而喜歡上。當然，如果你覺得為難，不想介紹也沒有關係的。」

再者，當學生談起自己的專長時，通常會自然而然出現一種湧自心底的自信神情，老師要做的事情就是用言語公開稱讚學生，增強他原本既有的自信。由此可見，當學生上臺自我介紹時，老師不是沒事做，而是要事前設計好問題，寫在黑板或呈現在PPT上，然後擔任主持人，適時追問，放大優點，凸顯長處，不斷連結，讓每一個同學都得到安頓與肯定。

在一個全新班級的環境當中，學生的專長若能迅速被老師和同學看見，學生的自信心會很快被建立起來，對新環境也就更容易產生認同感與信任感（不信，老師可以用同樣的方式，一直探問學生的缺點，然後在一個全新環境和新同學面前羞辱他，應該很可能會造成學生終生的痛苦與傷痕——我以前不夠成熟，二十幾年的教學過程中，曾有幾次不小心因口直心快而深深傷害了兩三位學生，至今抱憾不已）。然後，還要讓有專長的學生真正發揮其專長的機會，所以又可以連結到一次班上同樂會（美其名曰「雅集」，實際上也是雅集），讓有專長的學生各以盡情表演其專長，例如鋼琴、大小提琴、吉他等等樂器，唱歌、跳舞、演戲、講笑話皆可，就連主持人、籌畫整個節目也都交由康樂股長和組員完成，老師都要能發掘學生各自其優點，極力肯定之、讚賞之，讓他們得到更多舞臺、得到更多掌聲。

學生一對一私下向老師自我介紹

在完成全班的自我介紹後，再延伸讓學生一對一私下向老師自我介紹，這個活動本身除了可以訓練學生表達能力之外，好處尚且多多，老師還能有大量的時間和機會與學生一對一接觸。

老師所要做的就是，必須先指導學生如何進行自我介紹（例如眼神不能亂飄、身體不能亂晃，語速適中，聲音大小得宜，如何設法讓聽講一方能夠快速記住介紹者名字的方法，如何介紹後又能開心地聊起天，留下好印象。當學生介紹完之後就馬上給予分數（也可以再請整組一起來小組自我介紹，依時間完成先後次序還能額外加分），學生如果對分數不滿意，還可以一直來反覆介紹、再行加分（這是為了讓學生有機會可以改善、增進原本缺少的能力。學生自我介紹的能力需要用一輩子的，不是嗎？所以當然可以精益求精，如果想讓學生有次數的局限與慎重感，也可以規定只能重複介紹三次）。訓練詳情請見以下講義。

實學講義之第一回合——「自我介紹」學思達講義　張輝誠　撰寫

問題：

(1)請問自我介紹的要點有哪些？你覺得哪幾點最重要？你最擅長哪些？最不擅長哪些？

(2)除了底下介紹的要點之外，你覺得自我介紹時，還有哪些很重要，可以分享給大家？

淺談「自我介紹」：

一、自我介紹有多麼重要？

人的一生，有太多機會需要自我介紹：親朋好友間聚會、進入全新班級、新公司、新社團、結交新朋友、求職面試、追求心儀之人，就連將來要到男女朋友家中做客（除了傻傻等別人介紹之外，也要學會主動出擊），以後說不定還要「相親」等等，都需要自我介紹啊！更不用說，大學推甄時還有「面試」這一關！

二、自我介紹的要點：（這也是同學們來自我介紹時必須注意之處）

1.先想清楚要自我介紹的「對象」是誰！

對象不同，自我介紹的內容、態度、方法都不同。對長輩的自我介紹方式，一定和對晚輩的不同；對教授的自我介紹方式，一定和對同學的不同，以此類推。所以，每次自我介紹，面對不同對象，內容都應該有所差異才對。

2. 姿態

(1)眼睛正視著對方眼睛，眼珠不要飄來飄去

為什麼我們會害怕直視對方眼神，那是因為人類大腦、遺傳和經驗告訴我們，眼睛直視，就是動物鎖住獵物的狀態，大腦會反射出警戒訊號，把眼神瞥開。應該如何克服這種狀況？有一簡單方法，自我介紹時，「只要盯住對方的鼻頭、眉心或額頭」，自己就比較不會害怕了，對方也會覺得，講話者是正在看著他講話。（這是很困難的一點，同學們來自我介紹時就會感受到，但成功克服了，將來自我介紹就更順利、更純熟了。老師會一直提醒同學察覺到自己的眼神直視與否狀態。）

(2)自我介紹時的身體姿態：自然、放鬆、穩重

自我介紹時，容易因為緊張，身體有時會開始前、後、左、右搖動，雙手和

雙腳也會很不自然地擺動、握拳、交叉、摩擦。學生來自我介紹時，老師會特別提醒，讓同學察覺到已經出現這些緊張姿態。唯有察覺，才能改進，唯有改進，以後才能習慣成自然，以後才也不會覺得扭捏、奇怪、害羞。愈不練習，情況就愈不會轉好，但以後照樣還是要頻繁遇到要自我介紹，結果很可能就是，每次都用不好的狀態來向別人自我介紹，這樣會得不償失。

(3)講話速度、音高和音量

一般人只要一緊張，講話速度就會加快，一加快，就會害怕「每一句話和另一句話之間的空白」，於是「嗯、啊、然後、所以……」這類的贅詞就會出現，填滿空白，變成每句話的開頭發語語。

可以怎樣改善？講話時，試著把語速放慢，出現空白都沒關係，感受一下「停頓」和「空白」的力量（當然也不能太慢，聽者會睡著），講話的速度只要放慢，自己的思考速度才會趕得上來，這樣句子也比較有時間可以調整、美化和裝飾。各位來自我介紹時，試著把講話速放慢看看。（老師也會提醒大家！）

向人自我介紹時，試著把音高降低，音高一降低，愈能讓對方感受到「穩重」；如果把音低升高，容易讓對方感受到「興奮」。所以要看對象而定，不過音調降低，大體而言，是比較好的狀況。

自我介紹時的音量最好是大小適中。太小聲，容易讓對方感覺你「沒有自信」；太大聲，又容易讓對方覺得你「粗魯」（好聽一點是粗獷）。

三、自我介紹的內容

1. 自我介紹最重要關鍵是：讓別人記住你的名字！記著你的優點！

記住：別人記不得你的名字，不是別人的錯，是你自己的錯！你是誰啊！為什麼人家要記住你的名字？正因為你是個無名小卒，才需要自我介紹啊。你真的有名，還需要向別人自我介紹嗎？某大文豪曾說：「名片是給誰用的？是給沒有名的人用的！」此語甚妙！記住：別人會刻意記著你的名字，大多是「別有所圖」，例如：要追你！要網羅你！——你要反過來想，你希望別人記住你的名字，是因為你不喜歡別人叫你「喂！」「某小姐」「那位先生」「這位女士」，既然不喜歡，就要自己主動改變這種情況！而不是只會生悶氣，生氣別人記不住你的名字。

2. 如何讓別人快速記住你的名字？

這就是大家要花心思去想的，例如老師會這樣說：「您好，我是張輝誠，髒髒的灰塵，您以後可以叫我『阿誠』就好了！」

想一句**形象化**（通常會搭配「諧音」）的句子（兩三句當然也可以，但是愈簡短愈有力），來介紹自己的名字；然後，**告訴對方可以怎樣叫自己**（這樣就是幫助對方快速、方便、更加容易地記住自己，幫助對方，就是幫助自己）。小名、綽號和都能拉進彼此的關係。

如果你有一個很好記的名字，要感謝父母；就算是菜市仔名，也是要感謝父母，因為它讓你在自我介紹的過程中佔盡了便宜。當然，如果你願意挖空心思，把菜市仔名介紹的推陳出新、創意十足，這樣不是更好嗎！這樣不就同時把你的創意、機智和不俗表現出來了嗎？而不是只會自嘲說：「喔！我的名字是菜市仔名！」這樣就會把自己的無奈、對自己名字的不喜歡，同時把負面想法表露無遺。

3.如何讓自己的優點巧妙融入在介紹之中

巧妙介紹自己的名字，將優點融入其中。如：家父把我命名為張輝誠，是希望我能張揚、輝顯「誠意」，希望我做到〈中庸〉所說：「誠者，天之道也，誠之者，人之道也。」、「不誠無物，是故君子誠之為貴。」我也一直努力朝這方面充實自己。」

巧妙利用介紹自己興趣時，將優點融入其中。如喜歡彈鋼琴，彈了多少年之類。

巧妙透過轉述別人的評論，來凸顯自己的優點。如我的國中老師說我是一個認真、盡責的學生。（然後再稍稍描述細節），因為我擔任班長時，曾經做過兩件事，讓他很感動，第一件事是……。

四、引導對方講話

好的自我介紹，主動出擊之後。接下來，就是引導對方講話，而不是自己嘰哩呱啦一直講。

要學會善用問句！試著問對方：「請問應該怎麼稱呼您？」「朋友都怎樣稱呼您？」「您看起來很會打扮耶！請問您的好品味是怎麼來的？」諸如此類。記住：要別人對你有興趣，你就必須先對別人有興趣；要別人聽你講話，你就必須學會先聆聽別人說話；別人願意講話，是因為你問了好問題、你真誠的表現出對別人的濃厚興趣！

——所以，如果有學生問我：「老師，你辦公桌上有好多漂亮的古物，你怎麼會有這麼多漂亮古物？」我一聽就覺得，這個人太有品味了，太值得交往了，但如果反過來問：「老師，你辦公桌上有好多垃圾喔，你怎麼會變成拾荒老人？」我一定啞口無言，獨自神傷。

不過，這是交際時才用，來向老師自我介紹時，或將來面試時，就不用引導對方講話了喔！

五、作業來也

(1)〇月〇日之前，每位學生都必須自己找時間（下課、中午、放學後如果我在的話，都可以來介紹。我的位置在逸仙樓一樓國文科辦公室，座位上書最多的就是我的位置）來自我介紹，這是一次平常分數。滿分一百。

(2)請準備好了再來自我介紹，每個人有三次機會，每一次老師都會給分。如果第一次不滿意，例如只得七十分，還有第二次和第三次機會，老師每一次聽完之後都會說那裡需要改正，修正之後再來介紹，如果有進步，分數會不斷增加（例如從七十分變成八十分或九十分，甚至一百分。）

(3)沒有主動來自我介紹的同學，老師會約談是否出現什麼困難嗎？

塑造「主動與自願」的班級幹部選舉

班級幹部難產，常是導師進行班級經營面臨的第一個重大考驗，學思達的連結與對話可以解決這個難題，讓「班級幹部選舉」從「不主動和被迫」變成「主動與自願」，甚至勇於競選。老師們可以先站在學生的角度想一想，為什麼學生不想擔任幹部？（我常開玩笑講：孔子的偶像是堯、舜，因為堯舜能禪讓。臺灣學生的美德之一就是很會「禪讓」，遇到班級幹部選舉，不是你推（禪讓）給我，就是我推（禪讓）給你）在我看來，原因大概有幾點：

- 學生擔任幹部，吃力不討好，學生覺得擔任幹部是「弊多於利」。
- 學生一旦被推選上幹部，大多覺得倒楣、感覺被處罰（尤其是被推選或抽籤抽中），而不是獎勵或肯定。
- 當學生進入一個全新陌生的班級環境，優秀學生並不太敢出風頭，因為害怕被討厭，因此大多選擇沉默低調、明哲保身。

所以，若想要改變學生的行為，就必須先改變學生的觀點、期待、同時滿足學生的內在渴望，如此一來，才有可能改變學生的「不主動和被迫」行為，也才會有學生願意自動自發擔任班級幹部。

也唯有可以讓有領導能力、有熱情、願意犧牲奉獻、可以讓班級產生正向動力的學生主動站出來、主動承擔班級幹部，願意為班級服務，班級經營才容易成功。若非如此，堂堂導師便常會淪為班級幹部，一下子跳下去管秩序（變成風紀股長）、一下子又管整潔（變成服務股長），管東管西，越俎代庖，幹部形同虛設，導師疲於奔命。

導師最應該做的事情，是好好選拔幹部、好好訓練幹部能力，讓幹部各司其職，最後讓班級像一個層層負責的公司領導階層一樣，運轉著整個班級。問題來了，學思達如何透過一道又一道的問題設計、活動與說明，一步步改變學生的觀點，讓學生願意主動擔任幹部？這個過程有些複雜，我試著拆開來，一個一個步驟解說。

第一個步驟：在自我介紹時加入相關問題

在師生初見面的第一節課，設計幾道問答題（這是學思達的專長之處），刻意加入「以前擔任過班級何種幹部」、「以前老師覺得我擔任幹部時表現如何？評語為何」（也可以再加入「我覺得我適合什麼樣的職位？」、「我想挑戰什麼樣的職位，以補強我不足的能力？」），讓學生上臺時回答。

為什麼要刻意加入這幾個問題？因為這幾個問題，有幾個重點：一方面可以讓有能力的學生，在陌生的班級中把他自己的優點、長處和專長公開表現出來，獲得自信與肯定。另一方面，導師可以馬上知道學生的狀態與能力。（細節：當學生在臺上講他曾經擔任過何種幹部的舊經驗時，導師可以回應：「你的老師這樣誇獎你，老師一定覺得你是一個很有領導能力的學生」諸如此類的接納與肯定的應對之語。）

等學生全部上臺自我介紹結束之後（導師可以事先自行設計一張表，當學生自我介紹時，可以勾選學生有哪些專長、興趣，以及擔任過何種幹部，這樣就可以在一張表上一目瞭然學生們所有資訊），然後進入第二步驟。

第二個步驟：老師用簡短演講，改變學生觀念

1.班級幹部選舉前的教師引導話語

接下來導師必須對全班同學講三段話，每一段都很重要。當然，也可以直接製作成學思達講義，讓學生自行閱讀和回答。

第一段話是要告訴學生擔任幹部是困難的工作，並把澈底改變大家都不想當幹部、覺得會吃力不討好、覺得倒楣的觀念，將吃力不討好的幹部工作扭轉成鍛鍊自己、接受挑戰的最佳時機，讓願意主動擔任的學生，變成是勇於接受困難挑戰之人：

各位同學大家都知道，當幹部是一件非常困難的事情，但是你能夠領導一個三十個人

的班級，以後就能夠領導三十個人的公司，而且要擔任好班長、擔任好幹部的難度，遠比擔任一家公司負責人還更難，因為在公司，你是老闆、你是主管，你可以獎懲員工、甚至開除員工，但是班級幹部都不行，所以這麼困難的工作，你還能夠做好，就證明你擁有非常強大領導能力。

第二段話是要改變學生觀望、猶豫不決的態度，教會學生當下把握機會的重要性，而班級幹部選舉就是一種難得機會：

老師告訴各位，機會一出現，你不把握，機會就溜走了。你們去看看臺灣總統候選人會不會禪讓給另一個候選人？為什麼不會？因為大家都想要去爭奪權力。班長或幹部，沒有任何權力，也幾乎沒有任何好處，可是你現在挑戰自己、訓練自己的機會來了，你不把握，以後誰會給你機會呢？現在這種最難的工作你不挑戰，以後你怎麼會有能力迎接真正來臨的機會？所以機會來了，記住，就要把握。

第三段話特別提到某些特別吃力不討好的職位，加強其困難度與挑戰！

還有，請各位同學記住，有些幹部吃力不討好，非常辛苦，譬如說風紀股長、衛生股長、環保股長，可是就因為沒有人願意當，你還願意去承擔，就表示你有勇氣，你有承擔的能力，你能比別人吃更多的苦、做別人不願意做的事。但是老師告訴大家，這樣的同學將來成功的機會會更大，因為大家都只想要撿容易的做，真正困難的工作，大家都不願意做，你願意做才是考驗一個人的能耐和才華，鍛鍊出一個人的真正能力。所以要記住，這些幹部真的非常辛苦，做起來也很困難，願意承擔的同學，更是了不起。

老師已經把所有幹部職位都寫在上面了，剛剛同學說了自己曾經擔任那些幹部，你自己說你以前當得很好，現在要證明給大家看；你以前沒有擔任過幹部，現在機會來了，要好好掌握，主動掌握機會，鍛鍊自己的能力。所以現在，老師開放讓大家來自由報名幹部，如果人數太多，就會進行競選。

2.班級幹部選舉時的教師引導話語

講完這段話，老師就不要再講話了，因為老師一直講話就會變成是老師在一直給學生壓力。請回想李崇建老師經常說的：停頓之重要。通常這時候全班會是一片靜默，大家會愣住，不敢輕舉妄動，像木頭人。但隔了一到三分鐘之後，通常都會有一個人勇敢站起來，走向黑板，填寫自己的名字。這時候老師就要馬上回應，說：「同學們看，這位同學是我們班上第一個勇於掌握機會的人，大家給他掌聲鼓勵一下！」（請注意看，我在做什麼？我又變成課堂上的主持人，同時一直給予學生肯定和價值。）等這位同學上臺之後，填了一個職位，接下來就會帶動一個又一個同學，上臺自動填寫。

如果這時候，有學生填寫了風紀股長、衛生股長或環保股長，導師就必須馬上講話：「這麼困難的工作，還有同學主動願意承擔，太棒了，大家給他掌聲鼓勵！」學生陸續上臺填寫之後，一定還會有空缺，不用著急。因為通常會有好幾個學生同時競選班長，這時候先處理班長的選舉。

進行班長選舉之前，導師又要先講一段話。這段話是：

各位同學，將來大家一定不會選出一個領導者，讓一家公司走向滅亡吧，所以你們一定要選最好的人才來領導我們這個班，等一下所有自願競選班長的學生，必須上臺發表政見一分鐘，講一講如果當上班長，你會怎樣讓這個班級變得愈來愈好？其他同學就從中選出一位最適合領導我們的班長。請班長候選人準備一下，等等上臺發表政見。

時間到，就可以邀請候選人上臺，這時候就可以看到一個個班長候選人慷慨陳辭，發表政見。最後就讓學生票選，選出最適合的班長人選。

3.班級幹部選舉後的教師引導話語

選完之後，還必須注意幾件事：

第一，恭喜獲選班長。導師對全班說：「我們的新班長是某某某，班長，你有很大的責任，因為你要把這個班帶得愈來愈好，大家給予你這麼多的肯定與期望，請問你可以盡自己最大的努力，讓這個班愈來愈好嗎？」班長若回答說：「老師我可以，我會盡自己最大的努力。」老師就回答說：「很好，老師相信你一定可以做的很好！老師也會從旁一直幫助你，同學給新班長掌聲鼓勵！」

第二，記得肯定和讚美落選者。這時候，請導師不要忘了，還有沒選上班長的同學，老師可以請落選同學一一站起來，對全班說：「各位同學，這些競選班長的同學，雖然他們沒有選上，但是老師告訴大家，機會來了，他們馬上就掌握住機會，即使沒有選上，但是他們也不會後悔，因為機會來了他們沒有放棄機會，這樣的勇氣、這樣掌握時機，非常重要也非常好。大家給他們掌聲鼓勵一下。」

第三，請班長上臺主持班級幹部選舉。不是還有其他幹部職缺嗎？這時候就邀請新班長上臺，擔任主席，繼續選出他的小內閣（讓班長展現其能力），先選出副班長之後，也讓副班長上臺一起主持，這樣可以讓班長有人力支援，不會陷入孤軍奮戰的狀態。後來不是還有其他職缺沒人自願擔任嗎？就讓班長去操心，導師只要在一旁擔任指導角色（以前都是老師成為擔心的主角，擔心選不出幹部，同學則人人自危，擔心被選上幹部），這些狀況不會很難解決，因為其他落選的同學，會再選擇更難的職缺，表現其能力。

第四，一開始耗時，遠比後來亡羊補牢耗費更多時間和心力還好。做這些事，需要付出時間成本，也就是第一節課的班級經營必須花以往的兩倍到三倍時間，但是卻可以得到後續驚人的成效，節省將來更多補救班級經營的時間。

4.為什麼激發學生主動且自願擔任班級幹部非常重要？

因為如果班部幹部是被他人所推選，或抽籤選中，學生第一反應常常是「老師我不要當」，一旦被強迫決定，將來沒做好幹部工作，導師想要要求或加以責備，學生很可能就會說：「老師，不是我要當的耶，你覺得我沒做好，可以換人當啊！當初要當，也沒有徵得我同意啊！」這時候導師也只能徒呼負負了，如此一來，班級經營就容易事倍功半。

但如果學生是自願，而且是經過競選才脫穎而出，如果老師覺得學生沒有做好，把幹部找來要求，學生會說：「老師對不起，我會再努力！」老師才有辦法要求學生改變，因為學生是自願的，心理狀態完全不一樣。如果不是自願，老師一要求學生，學生就會覺得自己很倒楣，擔任幹部是一種懲罰。

做這些事、講這些話，總歸來說：就是改變學生的觀點、賦予學生期待、滿足學生內在最深的渴望（成就、榮譽、責任、承擔、有意義、有價值、被接納、被肯定）。老師把學生都不想做的事情，通過改變學生的觀點，讓學生改變行為。

而且這樣的好處是，有些學生其實很想當幹部，但在一個新班級，如果一個學生自己突然毛遂自薦，很有可能讓會其他同學覺得，好高調喔、好自大喔、好愛現喔等等負面的觀感就會出現，這些同學也會產生壓力，不敢自動自發。但現在因為有老師透過上述引導話語，改變了學生的觀念，讓學生了解擔任幹部是一件很困難的事情，願意主動承擔的同學是勇敢挑戰自我、犧牲奉獻、服務他人的模範。於是參加競選者可以得到老師和同學的肯定、獲選更是另一種肯定與榮耀，即使落選也仍能得到肯定與尊重。如此一來，班級幹部選舉就會充滿主動、積極、能力激發，同時也充滿了尊重、愛與包容。學生內在的渴望得以在第一次班級幹部選舉就被點燃，即使身處在一個初次接觸的新班級、一個陌生的環境之中，仍能在過程中得到成就感與自在。

所以我常講，學思達最迷人的是，從第一節課就開始了，班級經營融合著學思達，一開始就是師生應對（老師設計問題，學生上臺回答），這些成果，都是我跌跌撞撞花了十幾年從失敗中不斷調整出來的。從前我很難向別人講解我在做什麼，現在有了薩提爾的冰山圖之後，我比較可以用一個完整而清晰的概念和脈絡，向大家解說（詳見下一章）。

學思達的班級經營一開始順利進行之後，接下來班級經營就會變得非常順暢且迷人，會進入自動運轉（當然老師還需要從旁協助幹部成長，教會幹部運用企業管理的方法和表格來進行管理）。假若一開始班級經營沒有處理好幹部，接下來的狀況很有可能就會演變成：老師變成老媽子，隨侍在側，事事操煩；或是更慘，班級經營漸漸失控、甚至混亂

（這兩種狀況我以前都遭遇過）。

如何讓老師不像老媽子一樣永遠必須緊守在旁不斷叮嚀？重點是要教會學生用自己團隊內在的約束力來約束著彼此、來激勵著團隊——這兩種動力其實並不一樣，一個是來自老師外在強迫的壓力，一個則是源自學生內在共同的期盼。這個共同期盼的概念可以在第一天就形成了：我們班要變成一個很棒的班級，而且靠我們自己同學一起來完成，領導者是班長，班長把這個團隊打造出來，老師是背後的推手。

是的，連班級經營的主導權，都可以還給學生。

學思達上課方式的說明

學生到底在乎什麼？每個老師都應該要設法知道，如此才有可能滿足學生需求，又能帶領學生到達另一高層次的境界。

我的學生大多注重將來的大考成績。所以國文學思達，就先拿大考的考卷給學生看，讓學生自行分析，這樣學生就能懂為什麼學思達要這樣上課（這是國文科的優勢，考試方式和內容幾乎沒有範圍，而且以能力為主，完全有利於學思達）。學思達滿足學生考試的需求之後，會在滿足這個需求的過程中，又能不斷擴充學生的各種能力，強化、深化，讓學生的能力愈來愈堅實、愈良好。

如果不是國文科呢？我的看法很簡單，也可以先滿足學生的分數需求，然後再讓「學科知識和真實生活」緊密連結在一起，當學生覺得有用，即使考試不考，還是能學得津津有味，樂在其中。再來就是讓學生一直處在高階的認知目標，讓學生有不斷進行創造的機會和鍛鍊。然後同時考量，到底學生的目標時什麼、期待是什麼，老師的理想和期待又是什麼，找到平衡，以終為始，不斷在課堂上訓練學生，朝最終目標前進。

然後，可以口頭說明，也可以寫成文章（或製作成講義），或者播放相關學思達的說明影片，向學生說明為什麼要進行學思達、進行有別於單向講述的教法，原因是什麼、目的是什麼、好處是什麼、上課流程是什麼、學生會遭遇哪些困難、會有哪些收穫和多元能力的養成……，當然也可以在家長座談會的時候向學生家長們說明，這樣就更能大幅度降低學生一開始的不適應，也能減少學生家長因為不認識學思達而產生的反彈。（詳細做法的說明及案例，可參考《學思達：張輝誠的翻轉實踐》。）

12

建立機制

學思達分組策略與計分機制

真正開始用學思達進入課程教學的第一堂課，老師首先要做幾件事是：向學生說明上課方式、為學生分組、建立機制、發下學思達講義、開始運轉學思達五步驟。其中，「分組」和「計分」機制的建立，兩者緊密相關、環環相扣，是學思達課程開始時的重點。

分組和建立機制的整體思維

「分組」其實在很多教學活動時都會採用，並沒有什麼特別的方式；但對學思達而言，分組是有其特殊目的。因為學思達想要透過「分組」來達到以下這些目標：「分散學生學習壓力」、「訓練小組內合作、小組之間的正向競爭」以及「程度好的學生可以教導程度弱的同學，各自得到良好學習效果」，所以接下來的問題便是：「如何善用分組，才能達到這三個目標」？

學思達的做法是：原則上將學生區分三到四人為一小組（人數可自行調整），同組學生的分數綁在一起（也就是說「個別學生」上臺回答問題的得分，就會是「團隊的分數」，之所以要這樣做的原因是，同組學生才容易出現命運共同體的感覺，也比較容易進行討論及合作，並且程度好的學生也比較願意幫助程度弱的學生）、不同小組之間則存有競爭關係（但為了導向正向競爭，避免惡性競爭，所以沒有零分、也沒有扣分）。

分組的同時，又再加入「計分機制」，每一個被抽籤上臺或開放搶答時自動回答的學生，除了代表全組分數之外，只要被抽中、或自動回答每一道問答題的學生，都能獲得最低分，一分（等於告訴學生，只要是被抽中或願意自動回答，不管答對或答錯，都能得到一分，讓學生覺得抽中就是獎賞，而且講錯也沒有關係，意味著老師允許學生犯錯），另外再設定最高分的限制（每一題問題的最高分與最低分之間的差距最好不要太大，最高分也許是四分、五分、六分，由老師自行決定；若是設定為十分甚至更高，如此一來，最低分是一分的樓地板，就會顯得沒有份量、可有可無，也比較容易失去激勵學生的效果），而且個人分數代表團隊分數，一旦抽籤得到一分，被抽中的同學等於是全組的福星、幸運兒，為全組帶來好運，但是他又帶著全組的希望上臺，全組都希望還能往上再得到第二分、第三分、第四分甚至滿分，這樣就會自然而然產生一股正向的向上學習動力。

以上是「分組」和「建立機制」的整體思維，底下則詳述具體操作時的各種細節，也是學思達老師第一節課必須清楚知道的內容，這些操作方法，先學會、熟習之後，慢慢就會發現，每一個環節都是環環相扣，也可以自由靈活變化，到最後也可以逐一去除，甚至全部取消，學生就會進入完全自學的迷人狀態。

學思達的分組策略

常態分組人數，原則上以三到四人為最佳，兩人通常較為孤單，超過四人時（例如五個或六個學生一組）座位就必須有所變化，討論時必須緊密靠坐，才方便同組對話，否則就很容易出現有學生放空或自動分成兩組，難以全組討論（若是偏鄉小校人數少，自然又另當別論）。

分組方式，一開始老師若沒有任何學生資料（或者學生的素質很相近），可由老師自由劃分組別，優點是分組的速度快，缺點是不知道學生的個性、學習狀態、程度，一旦讓學生開始討論和合作，學習的狀態自然比不上刻意安排之後的效果。

一旦老師手上有了學生的各種資料（如學生之間的友情、特質或成績表現），就可以根據學生的差異來分組。假使老師想要程度好的學生幫助程度弱的學生，就可以將「上中下」不同程度的學生編在同一組；假使老師想要讓不同程度的學生，各自得到良好的訓練，就可以將程度「上上上」的學生分為一組、「中中中」的學生分為一組、「下下下」的學生分為一組（但是學思達流程和學思達講義也會跟著調整，例如講義就會同時有上、中、下三種，而且講義是完全不同的進度和內容）；當然，也可以有時候「上中下」學生一組，有時候又「上上上」一組、「中中中」一組、「下下下」一組，交錯使用；最後，更可以做到「完全個別化」學習，每個學生自己一個人就是一組，各自擁有自己的進度、內容和教材（這時候通常都會搭配「線上教材」，如「均一教育平台」、「Coursera」、「北京洋蔥數學」等等，因為比較容易完成）。

1.「上中下」不同程度的分組方式

若是想要讓不同程度（上中下）學生分為一組，目前學思達老師使用最多的方式是，大聯盟選秀分組法。

老師會先將程度較弱的學生群挑選出來，以全班十二人為例（人數多寡可由此類推），四人一組，先將學生區分為四大類（ABCD，為避免學生感覺被貼標籤，可將

ABCD改為其他相應中性名稱，如「經理、教練、首席球員、自由球員」或其他學科的相關人物，如物理科的「牛頓、愛因斯坦、費曼、霍金」，小學生則可以採用他們喜愛的卡通人物，如「多拉A夢、胖虎、大雄、靜香」，當然也可以根據學生在小組內的工作性質，而給予「組長、記錄員、紀律委員、報告人」來劃分，名稱可有許多的變化與設計。）然後再先行抽籤選出D、D1、D2，讓同屬「D」群的同學先選擇「A」群的同學，就像這樣（見圖十一）：

D	→	A
D1	→	A1
D2	→	A2

圖十一

之所以讓D群同學選A群同學的用意在於，D會選A，意味著D對A有認同感，以後A教D的時候，D比較容易接受。但問題也會出在A未定認同D，也未必願意幫助D，所以這時候同組分數綁在一起就很重要。當然A也可能會現反感，為什麼他一定要教D幫助D？遇到這種情況，就可以有三種作法：一是告訴A學生，當他在教別人的時候，學習效果可以高到九〇%；二是將來他當了領導者，底下成員的成敗會直接影響他的成敗，這是團隊合作的重要訓練；一開始前兩個作法可能會有效果，但程度好的學生可能還是會說：我不想要有這麼高的學習效果、我將來當領導著也不會找這種成員，或是抱怨D怎麼教都不會，我還沒有分數，真是太不公平了。這時候還可以有第三種作法：將分數再切出另一種「個人分數」，只要A有盡力教D，無論D有沒有學會，A都可以得到個人分數，如果真教會了D，A還可以再得到兩倍或三倍的分數。上述方法都是一樣的原則，讓學生產生正向動能，這樣A就比較容易會願意教D。

再者，當D選完A之後，就換A去選B，原因在於，這樣A就可以和B有連結關係，不會覺得自己在這一組很孤單、甚至被D選上很倒楣（見圖十二）：

A群選完B群之後，只剩下C群。C群就不讓B群去選，因為到了最後，會有一個人被選剩，這位孤單的C就會很難堪。所以最後的C群是讓老師用抽籤的方式，先抽到哪一個C，他就可以優先自由選擇要加入哪一組，這樣就不會有「被挑剩」的同學（見圖十三）：

在分組的時候，也可以考慮結合學生的座位配置，例如先抽到的D，他就可以先選D的座位，他的旁邊就會是A，後面就是B，右後方就是C。這樣的好處是A和B可以緊鄰包夾著C和D，同時又方便幫助他們（見頁二二〇，圖十四）。

D	=	A	→	B
D1	=	A1	→	B1
D2	=	A2	→	B2

圖十二

D	=	A	=	B	←	C
D1	=	A1	=	B1	←	C1
D2	=	A2	=	B2	←	C2

圖十三

另外，如果遇到特殊學生（如自閉症、過動症或資源班學生），老師可以特別抽離出這些學生，等全班分好組之後，再給這些特殊學生一個特殊機制，只要接納他們成為同一組的同學，願意教導他們，就能多得更多倍的分數；而且如果能夠訓練他們上臺回答問題，每上一次臺，其通同學最低分是一分，特殊同學最低分就是五分，再往上跳。如此一來，這些特殊同學就會從同學眼中的「燙手山芋」，變成「炙手可熱」爭相邀請加入各小組的珍寶——確實就有一位學思達老師這樣做，讓各小組的組長公開發表邀請感言來邀請幾位特殊學生，在各組都爭先恐後的邀請下特殊學生都哭了，因為他們從來沒有這樣被珍惜、被熱烈邀請過。

2.學生異質性加同質性的分組方式（差異化教學之一）

若要從異質性的分組（ABCD學生為一組），開始走向同質性分組，可以參考高雄市林健豐老師的作法。他是將三個人分為一組，併桌同坐，A坐中間，B、C坐在兩側。A坐中間就方便和B、C討論，也方便教導B、C；所

講臺

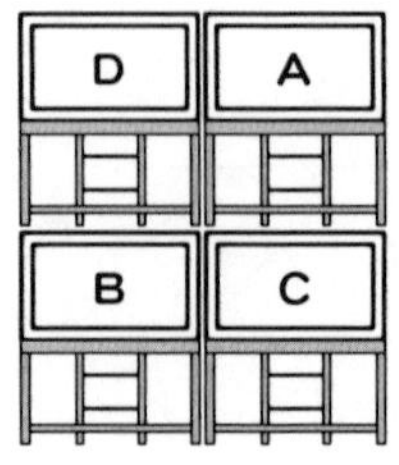

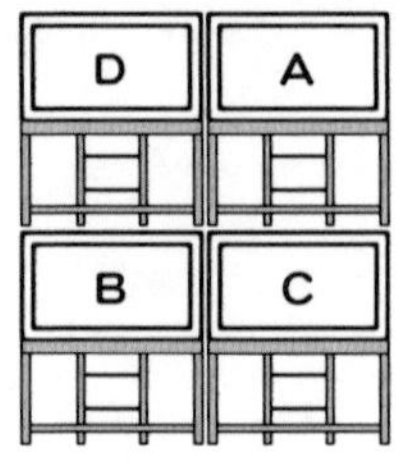

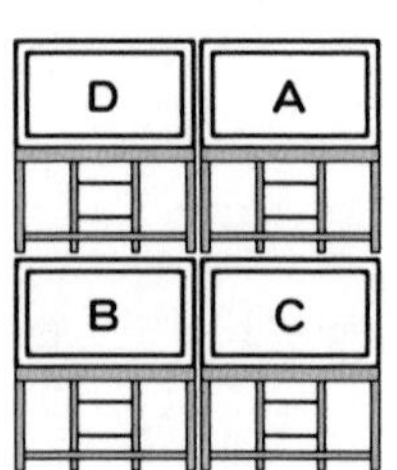

圖十四

有C群學生都集中在中間走道，方便老師照顧和教導（見圖十五）。

這樣的分組方式，小組合作時是橫排三位（ABC）同學一組，但講義上設計的問題又分成「難、中、易」三種。進入抽籤問答時，遇到困難的問題，分組就開始變形，變成直排的「AAA」進行討論和回答、中間程度的問題就會由直排的「BBB」一組討論和回答、簡易的問題就會由直排的「CCC」一組討論和回答。換句話說，產生變化的關鍵在於「問題的設計出現難中易三種層次」，就能讓不同的

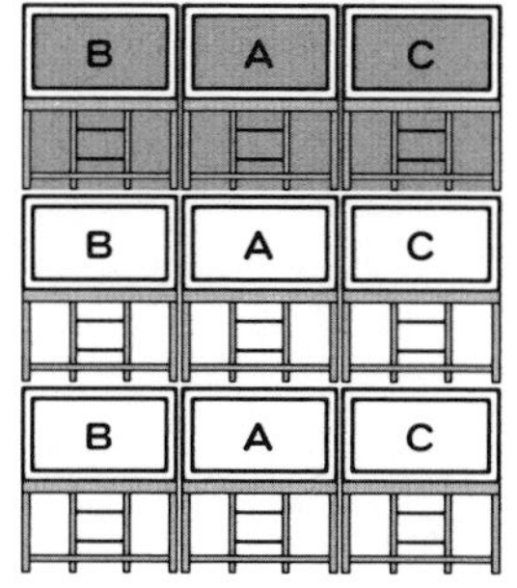

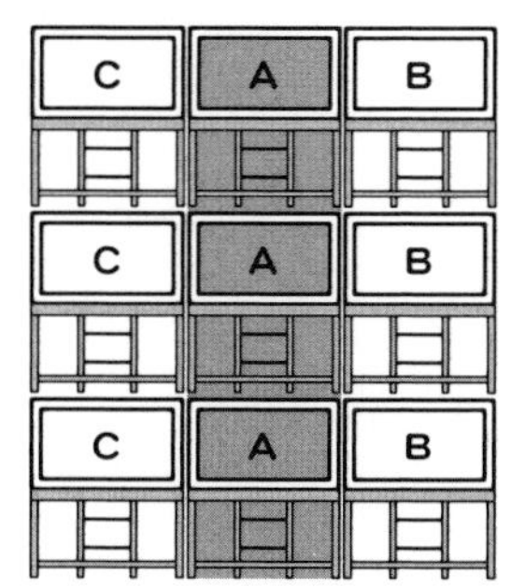

圖十五

插著異質性和同質性的學生，於是也就會開始逐漸走向差異化的教學。

學生回答不同難易度的問題，而且分組的變化關鍵就在於「橫排和直排」的巧妙變化，穿

3.學生出現三種不同「同質性」的分組方式（差異化教學之二）

學思達教學過了一段時間之後，就會發現有些學生的學習速度愈來愈快、他們需要更多的自學材料、更多的進度，所以老師一開始可以補充更多資料、設計更多問題給他們。但是這些學生依然會被困在同一組的統一進度當中，學生會逐漸開始出現不耐和反感，這時候就又可以開始調整分組，讓學習速度變快的學生編入同一組群、正常速度的學生編為同一組群、落後學生編成同一組群（見圖十六）。

但是這樣要如何上課呢？可以的，只是前提就必須有超前進度的講義（甚至也可以做到內容和進度都截然不同的三份講義），否則便不可能達成。

不同進度的上課方式又該如何進行呢？上課時，一開始還是全部學生進入自學、思

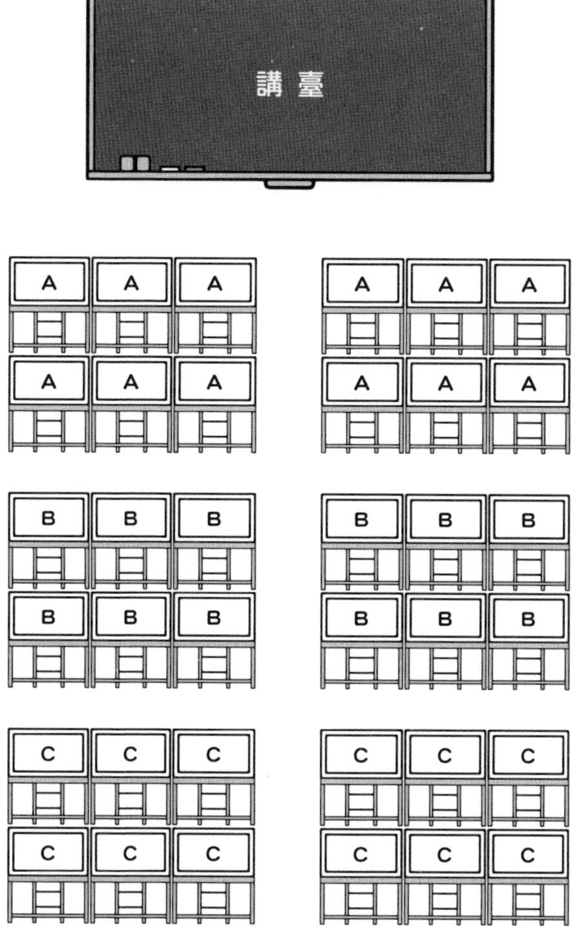

圖十六

考、討論，回答講義上的問題，然後老師就會先站在四組A的中間，抽籤讓四組A的學生發表、老師統整。結束後，四組A又進入自學，老師再走到四組B之間，抽籤讓四組B的學生發表、老師統整。結束後，四組B又進入自學，老師又走到四組C之間，抽籤讓四組C的學生發表、老師統整。結束後，四組C又進入自學。老師再走回到四組A之間，抽籤讓四組A的學生發表、老師統整。如此周而復始。換句話說，同一節課、同一個時空，只要善用學思達講義、分組和機制，就能同時教導三種截然不同的課程和內容，這都是老師單向講授難以做到的事情。

4.學生個別化學習的分組方式（差異化教學之三）

學思達教學成熟之後，懂得緊密運用講義、分組和機制之後，若能再搭配線上教學影片，就可以進入完全個別差異化的學習。線上教學影片的優點很多：可以突破時間和空間的限制、學生可以反覆學習、學生有完整的課程地圖和學習內容（意味著學生可以超前學習、也可以補救教學）、老師可以透過後臺看到學生的學習狀態（知曉學生的困難點和傑出表現，進行準確的幫助）。

每個學生都可以根據自己的能力與興趣進行學習，老師可以完全放手讓學生自學，讓學生知道整學期的教學進度，由學生自行決定自己的進度，也可以透過講義的設計讓學生知道每一節課的任務、學習目標為何，也可以透過分組機制的靈活變化（例如這個單元的學習者和遇到問題時都可以到B群組討論、超前進度者可以到A群組討論等等），也可以直接和老師進行討論，於是學生要完成什麼基本任務（落後都沒有關係，照樣可以補上），完成之後可以得到什麼獎勵，可以如何超前，超前可以得到什麼獎勵，如何呈現學生超前和傑出表現，小組合作狀態，都可以透過各種講義和機制表現出來。這也是學思達老師很快就可以運用、實踐「翻轉教室」的概念、結合教學影片的主因。

學思達的計分機制

1.學思達計分方式的主要特徵

學思達計分方式的主要特徵為：小組分數綁在一起（希望促進團隊合作）、正向競爭（小組內合作、小組之間良性競爭）、沒有0分或負分、每一道問答題都有最高分的限制

（最低1，最高到4～5分或其他皆可）、如果老師想要強調什麼重點還可以再拆出不同的計分項目（例如老師想要強調「學生討論」時的投入與專注，就可以再拆出一類「團隊討論」的機制。或者學生很注重學業分數的公平性，就可以再拆出一個「個人成績」，做為個人成績的計算）。

為什麼每一個被抽籤上臺或開放搶答時自動回答的學生，都代表全組的分數，而且只要被抽到、或自動回答的學生，就能獲得最低分一分？原因在於沒有任何機制的設計，只要學生被抽到回答問題，第一個感覺就會覺得「抽中就是處罰」，而且學生會覺得老師只想要回答出對的答案，若是答錯了老師可能會生氣、同學可能取笑，學生壓力倍增、並且孤立無援。

但是學思達的機制改成回答時無論對錯，都能為團隊得到一分，這樣等於告訴學生「抽中就是獎勵」、而且老師允許學生犯錯、有小組合作就不會再感到孤立無援——一個簡單機制，就能夠改變學生的學習、討論和回答的狀態。若是沒有任何機制，老師只要直接問學生問題，大部分學生都不會想要主動回答（因為沒有任何好處），即便回答也大多是少數幾位學生（這樣就無法訓練絕大多數學生的表達能力了，這也是學思達教學為什麼每一道問答題都需要抽籤讓學生回答的主因），而且被抽中的學生感覺就像被處罰，但是有了全新機制之後，老師很快就會發現，被抽中要回答問題的學生，不但自己很開心，全組同學也會一起開心，其他同學就會開始抱怨，為什麼他們那一組都沒有被抽中。這個簡單機制，之所以會生這麼大的效果，主因在這個機制調動了學生內心深處的「價值感」（為團隊獲取分數）、「接納」（犯錯都沒有關係、可以得到容許與接納），這樣就能讓學生的內在產生奇妙的連結。

2.學思達計分呈現方式

計分呈現方式，主要分為兩大類：公開和不公開。

● 公開計分

公開計分的主要目的，是要讓全班學生可以直接看到競爭實況，好處是學生會湧起正向競爭的學習動力。公開計分最簡單的方式就是在黑板上寫上各組組別或組名，一分一分累計（也可以用正字符號計分）。中小學的學思達老師目前使用最多的是「海螺計分圖」，海螺圖的好處是計分容易，加分時只要移動小組磁鐵，同時讓學生可以直接在黑板上清楚看到各組間競爭情況（學生後來也會自行設計出各種有趣的計分圖）。

有些學思達老師會根據這張圖再發展出很多小機制，例如這個禮拜最先到達二十分的小組會有獎勵、第二名到達又可以得到什麼獎勵，以此類推。甚至也可以再創造出一個機制，如果這個禮拜全班都能抵達二十

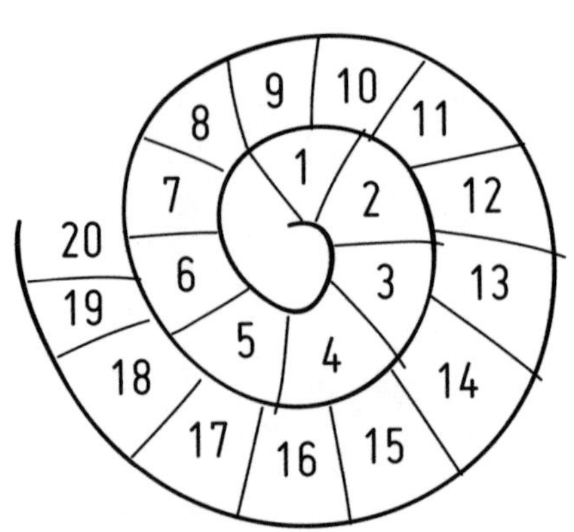

圖十七：海螺計分圖

分，就能再得到一個全班的大獎勵。這樣，第一名達到的組員，又會再跑到最後一組落後的同學幫忙，於是就變成「小組內合作」、「小組之間競爭」、「全班又共同合作」的迷人樣貌。

● 不公開計分

不公開計分方式的主要目的，是想讓全班同學的競爭壓力減少，讓所有評分都在默默當中進行（通常較適用於高中或大學等年級較大的學生，但也不必然）。

不公開計分的做法是，設計好一張表格（請掃描下方 QR Code），上課一開始進行分組，分好組後選出組長，將計分表格交組長，然後請每一個組長，大喊該組組員，讓其他組的組長可以填入各組組員座號或姓名。

上課時抽到哪一位學生，每一組的組長就可以根據分數限制（1～3或1～4或1～

5分）給予評分。抽到同一組的組員，該組組長就可以直接給一次滿分，做為獎勵。

一段時間結束後（例如一個月或一次段考後），需要重新分組，就請各組組長將總分加起來，算出每一組的團隊分數（老師一定會納悶，這樣為何還要區分每一組的組員名字？目的是要知道這段時間有哪些同學沒有被抽過，可以優先讓這些上臺回答，這樣才能做出區隔），再讓小老師將各組組長交回來的成績，加總起來，算出每一組的成績，區分出前後名次，公佈在黑板上，然後做為接下來獎勵的依據。

如果學生還是有個別分數登錄的需要，例如每一個知識點的選擇題評量，這樣就可以再切出一個小組各組員的登分欄，紀錄學生個別分數（請掃描下方 QR Code）。而且好處是，一個小組長只需要登錄大約四位同學的分數，也可以減輕小老師的負擔。

3.學思達計分設計考量

●誰給分？（老師？學生？優缺點？）

老師給分的優點是快速、專業，缺點是每次都要想給幾分，也容易和學生產生意見相忤；學生給分的優點是便利，而且容易投入（要給分必須聽同學表達什麼內容），缺點是不專業、不客觀。兩者各有利弊，可以擇一使用，也可以交換使用（老師給分，也可以透過撲克牌，每給一組或一位學生，就代表一分）。

●誰計分？（老師？學生？優缺點？）

老師計分的優點是快速，缺點是會手忙腳亂，而且可能經常弄錯組別、加錯分數。學生計分的優點是準確，不會弄錯組別、加錯分數，缺點是浪費較多時間。新加坡老師新設計出一個機制，讓上臺回答完的同學，老師回應和給分之後，就直接讓回答的同學轉身去移動黑板上的海螺圖，既不浪費同學接下來的自學時間、也不會弄錯，而且這位學生通常都很開心，因為他幫助同組的同學又再多得幾分。

當然，如果老師有電腦設備，就可以將計分的工作，直接交給電腦處理，那就更好了。

●分數最後如何轉換？

分數的轉換，牽涉到老師如何看待上課表現的這些分數，可以計入平常成績（如果學生有繁星計畫的考量，就必須盡可能做到客觀和公平，如果做不到，那就不要將上課表現的這些分數計入學生個別的平常成績，而是轉為另外一種獎勵，例如獎品），也可以用其他不同方式來獎勵。

例如，有的老師會買教學相關物品來做為獎品，有的老師會用「減少功課」來做為獎勵（例如第一名的小組功課減量九〇%、第二名減量八〇%，以此類推），諸如此類，想出不同的分數轉換方式和獎勵，也是學思達老師之間津津樂道樂於交換意見的討論議題。

● 當學生太注重分數時，如何是好？

那就將競爭機制削弱，而且將分數和學業成績脫鉤，主要目的就是不讓學生為了分數而斤斤計較、甚至產生爭執，這樣就太得不償失了。

● 當學生不注重分數時，如何是好？

那麼老師就更需要快快學習薩提爾，因為學生不在意分數，並不代表學生不在乎自己內在的渴望，薩提爾告訴大家，沒有一個人不在乎自己內心深處的渴望、不在乎自己的價值，學思達老師這時候就需要更強大的對話和連結能力，去連結學生內在的渴望，即使學生不在乎分數，照樣可以經由連結內心的渴望，產生學習的動力。

心法

4

You got it!

對話統整力

13

修練
知性與情意相結合的師生對話及連結

一個學思達老師在課堂上開始進入與學生討論知識點時，首先面臨最大的挑戰就是「與學生對話的能力」。

從前的老師只要命令學生上課閉嘴、認真專注聽講就可以了（上對下的高壓管控），完全不需要培養和學生對話的能力；但時代不同了，上課時學生會開始頻繁的表達與討論，老師的應對能力就變得異常重要。老師和學生對話的重點有哪些？是這一節的重點。

知性與情意一樣重要

首先，最基本的認知就是老師和學生的對話基礎，要建立在平等、和諧與尊重。當老師和學生在面對學習資料上是一樣的、是平等的，師生對話就會從傳統老師因壟斷資料而容易站在權威的高點，轉變為平等的關係。老師主持課堂時就會開始自覺地對學生「使用敬語」，應對的態度也會從「高壓、威權、指責」轉為「溫和、自然和自在」。

其次，當學生上臺回答問題，老師必須在極短的時間內針對學生的回答內容，做出判斷與反應，同時要回應「知性（知識）的討論」，也要不斷連結學生的「內在情意」。

內在情意的連結，上一節已經提及，此處再稍微補充一個小技巧，老師每次回應完學生的知性討論之後，就可以用「好」、「很好」、「很棒」、「很不錯」做為結束，其原因是為了告訴學生，無論好壞，老師都接納學生所有的答案和表現，只為了讓學生覺得安全與溫暖。這是情意連結經常使用的方法。當然，和學生的關係愈來愈緊密之後，這樣的用語也可以慢慢省略。如果學生故意表現不好，就必須再切入更深的內在連結。

知性（知識）的討論，老師可以選擇回應的方式有很多，如果是封閉型的答案，就必須學會「提供各種暗示和線索」，也可以稱為鷹架（scaffolding），幫助學生自行想出答案；若是開放性的問題，老師在回應時，可以有許多選擇：如重述學生觀點、繼續追問（追問的句子不能太多，三句左右即可，句子太長，學生要理解之後再表達，很容易「當機」）、幫助學生釐清觀點、整理學生觀點、或讓其他同組學生上臺、或讓不同觀點的學生進行辯論、控制時間和流程、討論的次數、時間、品質與效益等等。

14

觀摩
桑德爾的精采課堂實錄

以上陳述或許有些抽象，不如找一個教學實例來進行說明。底下是美國哈佛大學邁可．桑德爾（Michael Sandel）教授（以下簡稱「師」）開設的線上公開課「正義」（Justice），第一講「謀殺的道德面（The Moral Side of Murder）」的文字檔（由朱學恒先生翻譯），我就以此為例，針對桑德爾教授課堂中如何主持、如何與學生應對，一一進行分析與說明：

師：這是一門探討正義的課，讓我們先說一個故事。第一個問題：「假設你是一個火車的駕駛員，而你駕駛的這輛車正快速在軌道上行駛，時速六十英里，而在軌道盡頭有五個工人在工作，你試著想要煞車但卻做不到。你的煞車失效了，你感到十分緊張，因為你知道如果你撞上這五個工人，他們必死無疑。假設這是一個確定的結果，因此你感到非常的無助，但接著你發現右邊有條岔路，而那條岔路底只有一個工人在工作，你的方向還可以控制，車輛還可以轉向，可以轉向岔路撞死一名工人，但閃過五個工人。

（輝誠案：桑德爾老師上課一開始就拋出「問答題」，而且這個問答題主要特徵就是「生活化」，直接和學生的真實生活情境結合在一起，讓學生置身其中去體驗、去思考，若用布魯姆的認知目標來看，就是偏向「應用」、「分析」、「判斷」的中高階認知目標。——這種教學方法稱之為「蘇格拉底對話式問答教學」，也可簡稱為「問答教學」或「問思教學」，其實這種教學方法非常古老，孔子、釋迦牟尼佛、蘇格拉底都是這樣教學生，當然，學思達也有這個部分，但有兩個主要不同之處：

一是，學思達會將這些原本老師需要口頭講述的主問題，都轉為用「文字」來呈現，好處是老師就不用像桑德爾一樣高難度地必須將所有要問學生的問題都背在腦海（而且細節和次序都不能弄錯」，文字呈現之後就方便在課堂上操作（直接以主持人的身分對學生說：「請同學看問題一的問題」即可」、如此也方便老師之間的教學複製。加上學生閱讀速度較快，就不會因為老師需要頻繁口頭陳述問題而浪費時間，再者問答式教學過於強調學生的快速反應，容易失去深度思考與較長時間的思考（必須迅速地快速機智反應），也不能同一時間同時呈現好幾個連環的問題，這是老師口頭陳述問題的侷限，但若改成文字呈現卻可以一次問很多問題，而且學生還可以反覆看著問題細細思考、尋找和討論答案（這也是學思達迷人的地方，課堂上會有很多安靜閱讀和思考的時間，問答式教學整節課都是師生對話。）

第二是問答式的教學，學生較少有機會相互討論，主要都是老師和學生之間的討論，但是學思達卻有大量時間可以讓學生之間進行討論。）

你該如何做才是正確的？你會怎麼做？（輝誠案：這兩個問題是開放型的問題，沒有標準答案。學生也可以回答說請超人來幫忙，所以桑德爾老師等等會又將題目修改成封閉型的答案，方便聚焦討論。）

我們來投票吧！（輝誠案：老師一問完問答題，馬上就變成主持人，開始主持討論。）

有多少人會把火車轉向，開向那條岔路？（輝誠案：將原本開放型「你會如何做」的問題修改成封閉型「轉向或不轉向」二選一的問題。）

請舉手。有多少人不會轉，繼續往前走？選擇繼續往前走的請把手舉起來。（輝誠案：老師想要快速知道大多數學生的正反看法，可以透過主持，先讓學生舉手，老師就可以很快先知道大多數學生的意向。）

有一些人這樣選擇，大部分人則是選擇轉向。（輝誠案：老師在設計問題的時候，就已然預想到會是這樣的結果。）

現在我們要開始分析，瞭解讓你為何如此判斷這是正確選擇的原因，我們先從那些想要轉向的人開始討論。你為什麼會想轉向岔路？你的原因是什麼？（輝誠案：這是承著第一個主問題而產生次問題，再問學生的看法。）

誰自願說明？請站起來。（輝誠案：這只有哈佛大學的學生、而且有六百人修課才能這樣問。若是一般老師，沒有先設計任何機制，只要問同樣的問題「誰自願說明」，通常就是兩種情況，沒人自願，或是有少數幾個人自願，而且這少數幾個人還經常都是老面孔。——所以對學思達而言，每一道問答題都必須抽籤讓學生回答，這樣每一個學生才會準備，才能訓練到每一個學生的表達能力。）

女學生A：因為當你可以只殺一個人的時候，選擇害死五個人是不對的。（輝誠案：師生問答的最大困難，一開始是設計問題，接下來的就是如何學生回答問題之後的回應，而且回應的反應時間非常短暫，幾乎都必須在五分鐘內就必須快速回應，完全考驗著老師的機智、學養與素養。而且在回應學生答案的同時，又必須兼顧「知性（知識）的交流、激盪與碰撞」與「情意（內在）的連結」，同時又能做到內外和諧而一致、平等而尊重的對話境界。）

師：當你可以只害死一個人的時候，害死五個人是不對的。（輝誠案：**主持人的第一種回應方式：重述學生的觀點。**）

這個理由很好（輝誠案：**主持人的第二種回應方式：接納學生的答案。**這就是所謂「情意的連結」，若用薩提爾冰山圖模式來解說，就是冰山深處的「渴望層」的「接納」，老師接納了學生的答案，就會讓學生感覺到自己是「有意義」、「有價值」，這一點很重要，老師展現接納與尊重，學生才會願意勇敢開口表達自己的觀點和想法；反過來說，老師不接納學生，不展現尊重，高高在上，蔑視學生的意見和看法，師生內在就會失去連結，學生就不太會在課堂上和諧而一致地表達自己的看法。底下還可以看到桑德爾如何在回應完學生的答案之後的理性對答之後，最後總會接著說「好」、「很好」、「很好的答案」，這些句末語其實都非常重要，其目的都是為了和「學生情意連結」，如果能做到這一點，也不一定要通過加分機制，學生照樣會在課堂上勇敢表達看法，原因就在於學生的內在深層有了連結，有了價值感，就會讓行為產生改變。）

還有嗎？大家都同意這個理由？（有一男學生主動舉手，桑德爾將手指向他）請說。

男學生A：我想九一一事件有類似的案例，對那些讓飛機墜毀於賓州田野的人們來說，我們視他們為英雄是因為他們選擇犧牲乘客，而不是害死更多大樓的人。（輝誠案：當老師聽到學生這樣回答，就必須敏銳察覺到，學生並沒有回答問題，而是舉例說明，老師就必須幫助學生釐清思路；同時，當學生提到一個重大社會事件，老師需不需要表達對此一事件的看法？都是聽完學生回答之後，必須在很短的時間之內做出回應。）

師：所以這立論也就是跟九一一發生的選擇一樣（輝誠案：**老師主持的回應方式重點之一：幫助學生釐清思路**）。這是一個悲劇（輝誠案：老師表達出對重大社會事件的看法），但若是殺一人就能救五個人，這就是大多數人認同的邏輯，也就是那些選擇轉向人們的看法，對吧？（輝誠案：**老師綜合整理學生觀點，這也是老師主持時回應的重點之一。**）

讓我們來聽聽少數人的意見。那些不願意轉向的人，（老師手指著某位男學生）沒錯。（輝誠案：第一個問答題，「大多數選擇轉向」的同學，只問了兩個學生，接下來老師就開始詢問「少數不願轉向」的同學的看法——每一道問題，要問多少位學生、要問到什麼程度、要花多少時間，完全取決於「課程內容的重要性」、「學生程度」、「老師要學生回答到什麼程度」與「授課時間」，因此必須靈活變化、善加取捨找到平衡、達到最佳效益。也就是說，有些問題可能連問都不用問、或者連討論都不需要討論，有些問題則可能只需要短時間討論即可、有些反倒必須花費較長時間進行討論，甚至一而再、再而三地來回反覆思考與討論。**因此老師上課主持的重點之一是：控制討論的次數、時間、品質、與效益。**）

男學生B：我認為這樣的思考模式，正是合理化了種族屠殺跟功利主義的理念，為了拯救一個種族，你可以消滅其他種族。（輝誠案：這位學生在回答問題時，老師也必須很快判斷出，他提出了一個觀點「功利主義」，同時帶著一個例證「種族屠殺」，已經開始切入桑德爾想要談的主題，老師的回應可以選擇幫助學生深入釐清，也可以直接帶出重點，但是桑德爾選擇了另外的回應方式：追問，而且是直接用學生的邏輯進行追問。這是桑德爾厲害之處，他很擅長於運用別人的邏輯觀念反問學生，讓學生自相矛盾。我猜想，桑德爾並沒有直接帶出重點的原因，在於他後面還設計了三個問題，所以此刻不能掀開底牌。）

師：那麼如果你是在這個故事裡面你會怎麼做，為了避免種族屠殺的陰影？你選擇撞死五個人？（輝誠案：**老師上課主持重點之一：追問**。這裡的追問是老師用學生的邏輯來追問學生，難度甚高。一般對學生大多是封閉型的問題（有標準答案），老師追問時重點就在於更多知識的細節，確保學生是真的了解。例如問題是請問什麼是高氣壓？學生回答之後，老師就能再追問：「什麼是氣壓？為什麼會有氣壓？氣壓如何量測？高氣壓會出現哪些現象？高氣壓和低氣壓有什麼不同？氣壓和水壓又有什麼不同？……。」老師知道多

少、希望學生瞭解到什麼程度，都可以透過追問來完成。）（全班哄堂大笑）

男學生B：的確如此。（學生臉露尷尬）

師：好的，還有嗎？剛剛的答案很勇敢，謝謝。（輝誠案：老師追問之後，全班哄堂大笑，意味著同學們都知道，男學生B的論點被老師攻破了，老師自己當然也知道，男學生B也露出尷尬難堪的表情。這時候老師的回應就非常非常重要，必須直接進入「情意的連結」，就像桑德爾所說的「好的」（意味著接納學生答案）、「剛剛的答案很勇敢」（意味著他並不同意學生B的觀點，但是對學生B堅持其他大多數人未必認同他答案的「勇敢」表示欣賞），都是屬於「冰山模式底層『渴望』的連結」，這一點非常重要，是師生對話時，老師不會深深傷害學生的主因。如果沒有這種概念，無意而輕率地說出：「唉，現在哈佛的學生都死不認錯啊！」這樣就會在公開的場合深深地傷害學生的自尊與內在。再者，**老師主持的重點之一：頻繁使用「敬語」及「鼓勵語」**。邀請學生做任何事情，都會使用「請」、「謝謝」，也會頻繁地說「好」、「很好」，「很精采」、「很棒的回答」等等鼓勵語，老師表現出對學生的尊敬與鼓勵。）

師：讓我們思考另一個火車案例吧（輝誠案：出現第二個問題；第一個問題共問了三位學生。）

看看剛剛大多數的人會不會繼續堅持他們的邏輯「寧可殺一人，不可殺五人。」第二個問題：這次你不是火車的駕駛員，你是個站在橋上的旁觀者，你正在觀察軌道上的狀況，軌道上來了一輛火車，軌道的盡頭有五名工人，煞車同樣失靈，而火車正要撞死那五名工人。由於你不是駕駛員，你覺得非常無助，直到你注意到旁邊有個人，橋邊站著一個非常胖的人，你可以推他一把，他會掉落軌道，正好擋住該車，他會死，但他的犧牲可以救那五個人。有多少人願意把那胖子推下橋？請舉手，有多少人不願意？（桑德爾又化身為主持人，讓學生舉手，大多數都沒舉手）大多數人不願？原因是什麼呢？這個「寧可殺一人，也要救五人。」的理念呢？剛剛幾乎全部人贊成的理念呢？我想要聽聽你們的理由，我想要聽聽剛剛站在大多數立場人的解釋。你可以解釋兩者之間的差異嗎？請。（輝誠案：桑德爾拋出第二個問答題，兩個問題之間的設計環環相扣，目的只有一個，讓學生自相矛盾，並且讓學生在矛盾之中思考，為什麼會形成這樣的矛盾？這是老師設計問題高明之處，同時問題本身也從第一個問題「同一事件中兩種選擇的差異」轉成「兩個事件的相互比較」，問題內容的範圍開始變更寬廣。也就是說，當問題數量變多時，老師設計問題與問題之間就必須開始有「層次」、「脈絡」和「結構」的概念。）

男學生C：我猜第二個案例裡面包含了主動的介入選擇，牽扯到推落一個第三者。而一般來說他本來不會參與這個狀況，所以選擇牽扯到他，而他本來可以逃脫這個危險，所牽扯到的選擇跟之前的並不相同。這三組人包括了駕駛和兩組工人，我認為已經牽涉入這個狀況。

師：但在鐵道岔路上工作的那個人，他在岔路上工作時，跟那個胖子一樣沒有選擇要犧牲自己對吧？（輝誠案：追問。桑德爾又用學生的邏輯來追問學生。）

男學生C：沒錯，但他人是在軌道上。

師：而那個胖子是在橋上。（全班哄堂大笑）（輝誠案：同學們哄堂大笑，是因為意識到學生被老師駁倒了。學生被老師駁倒，同學們可以哄堂大笑，老師卻不可以，老師必須察覺學生的狀態，快速地進行「情意連結」。）

沒問題，如果你想繼續討論是可以的（輝誠案：讓學生覺得「自由」〔冰山圖的「渴望」層〕）。這個問題很困難，你做的不錯，做得很好（輝誠案：接納學生的答案。〔也是冰山圖的「渴望」層〕），這是個很困難的問題。（輝誠案：如果老師沒有這些概念，反倒說成這樣：「這麼簡單的問題，怎麼會答成這樣，這麼簡單的問題耶！」——學生內在就會不舒服，甚至受傷。）

師：誰可以解釋這兩個狀況？解釋這兩種狀況中大多數贊成意見的差異。（桑德爾手指著某男同學）請說。（輝誠案：桑德爾繼續再問不同學生的看法。當老師想要繼續詢問不同學生的看法時，盡量使用「還有其他同學有不同的看法（或答案）嗎？」，以避免使用「還有其他同學有更好的看法（或答案）嗎？」因為這樣會在不經意之中，傷害到上一位回答問題學生的心靈。）

男學生D：我認為第一個案例中分成一個工人和另外五個工人，這是兩組之間的選擇，而你一定要做選擇，因為火車必然會撞死人，你的選擇無法改變這結果。火車已經失控，而你在做危機抉擇；而推落胖子是個直接的行動，對你來說，就是謀殺，差別在於一個你有控制力，另一個案例則是沒辦法控制火車，所以我認為這兩者有所不同。

師：好，（輝誠案：接納學生答案。）還有誰有答案有誰可以說明？誰想回答？這是解脫的方法嗎？（輝誠案：桑德爾繼續主持，但沒有回應這位學生，因為他接著會再做另一件事。）

女學生B：我不認為這理由很合理。因為在兩者的狀況下，你都必須做出選擇。選擇要殺死那個人，因為轉向會殺死一個人。而你的轉向，是一個明知後果有意識的行為；另外則是你選擇要推下那個胖子，這也是一個主動，有意識的行為。所以兩者你都做出了選擇。

師：你要回答嗎？（桑德爾又用手指回剛剛回答問題的男同學D）

男學生D：我實在不太確定是否真是如此，我還是覺得這兩者有所不同，將一個人推下鐵軌，事實上變成是你殺害他的。

師：是用你的雙手推他下去。

男學生D：動手推人的是你，這才是差別所在。這跟火車駕駛撞人，造成他們死亡是有差別的。（輝誠案：桑德爾讓這兩位學生有短暫的辯論。這是**老師當主持時，可以回應的方式之一：讓學生直接在課堂上辯論**。辯論的目的就是讓雙方可以釐清彼此的想法。）

現在說起來似乎不太對勁（全班又哄堂大笑）。（輝誠案：學生開始出現窘境，甚至難堪時，老師要做的事，不是跟著全班一起大笑，甚至落井下石，而是要扶助搖搖欲墜的學生，再建立他們的信心。）

師：不，不，很好，很好（輝誠案：接納學生的表現，無論好壞）。你叫什麼名字？（輝誠案：老師和學生進行連結，透過直接詢問和稱呼學生名字，拉住學生、穩住學生。請注意，之前發表意見的學生都是沒有名字的。）

男學生D：Andrew。

師：Andrew，好，Andrew，讓我問你一個問題（輝誠案：直接稱呼學生名字）。假設在那個橋上的胖子旁邊，我不需要推他，因為他站在一個機關門上，我只需要像這樣轉動轉輪，就可以打開門。你會轉動開關嗎？（全班哄堂大笑）（輝誠案：深入追問。）

男學生D：不知道為何聽起來好像更不對了，我是說也許可能不小心壓到轉輪打開開關之類的（全班哄堂大笑，老師也跟著笑），或者火車正開向一個會啟動那機關門的開關……。（輝誠案：當老師聽到學生回答問題時岔離主題、或是答錯之後又不斷延伸出去，身為**主持人的老師重點之一就是：切斷討論或拉回主題**。如果不切斷討論，就會開始偏離主題，浪費所有師生的課堂寶貴時間。切斷討論的方式就是先「肯定學生表現」，然後說明切斷討論的原因、或拉回討論主軸，或更換新的主題。桑德爾選擇了第二種和第三種。）

師：那我就同意，沒問題了，夠清楚了（輝誠案：桑德爾直接介入，試圖切斷討論）。你說在第二個案例感覺不正確，但在第一個案例聽起來是正確的。（輝誠案：桑德爾幫學生統整重點，並試圖拉回主題。）

男學生D：我的意思是說在第一個案例，你是直接參與了事件的發生，而在第二個選擇中，你也是個旁觀者。所以你有選擇要不要介入的權力，關鍵在於你要不要推那個胖子。（輝誠案：學生開始回到主題。）

師：是的，讓我們暫時先放下這個案例，很好。（輝誠案：桑德爾直接切斷討論。最後又說「很好」，接納學生的表現，情意連結。）

讓我們來想另一個案例。（輝誠案：桑德爾更換新的討論主題。請注意：第二個問題也是問了三個學生。）

這次你是在急診室的醫生，同時來了六名病患，他們是一場恐怖的火車意外中的傷者。其中五個人傷勢中等，一名重傷，你可以花整天的時間治療那名重傷患者，但另外五名患者會因無人照顧而死亡；或者你也可以照顧那五位患者，治好他們，但同時那一名重傷患者，會因為無人治療而死亡。第三個問題：從醫生的角度來看看，有多少人會救那五人？有多少人會救那一個人？（桑德爾請學生舉手，大多數學生舉手表示會救五人）

極少數人，只有幾位。我假設是同樣一對五條命的邏輯。（輝誠案：桑德爾設計的第三個問題，主要目的就是讓學生再一次進入矛盾。問完之後，請注意，一個學生都沒有問。要問多少學生，都必須建立在主持人的判斷與時間掌握。）

再思索另一個醫生的案例。

第四個問題：這次你是一名器官移植的醫生，面對五名病患，每個人都需要器官移植否則就活不下去。一個需要心臟、另一個需要肺臟、第三個需要腎臟、第四個人需要肝臟、第五個人需要胰臟。而你因為沒有捐贈者、只能眼睜睜看著他們死亡。然後你突然想到隔壁房間，有個只是來檢查健康的人。他正要（桑德爾唱作俱佳，這時候突然笑場了，邊笑邊指著前排的學生，和他連結）——你看來很喜歡這個點子——他正要睡一覺，你可以悄悄溜過去，取出五個臟器，這人會死，但你可以救五個人。有多少人會這樣做？多少人？會這樣做的人請舉起手來。（現場無人舉手）

樓上有人嗎？你會？小心點別把身子太伸出來。（桑德爾提醒樓上學生，以免墜樓）有多少人不會？好，你的原因是什麼？好，樓上那位請講，為什麼你會選擇去取走器官？

男學生E：我想要嘗試一個稍有不同的可能性，是否可能從那五個需要移植的患者中，找一個會先死的病患，來利用他的健康的器官以便救其他四個人。（全班哄堂大笑）（輝誠案：師生課堂對話最困難之處，通常不是學生回答很精彩、老師發自真誠的讚美，與邀請學生報以熱烈的掌聲，而是當學生回答不出來、回答錯了或回答不好時，老師應該如何回應。就像這個情況，影片中這個男學生E，長得那麼帥，又一臉專注、天真，卻講出這麼白目的答案，老師要如何回應？）

師：這點子不錯。這點子很好（輝誠案：桑德爾直接接納了學生的答案。這個反應確實很不容易）。唯一的問題是，你破壞了整個哲學討論的關鍵。（輝誠案：當然，身為老師不能只是接納學生的任何答案，而不告訴學生標準在哪裡，所以桑德爾表情有些嚴肅地講了上兩句話。如果沒講這兩句，只講「這點子很好」，以後學生也有可能會講出「點子更棒」的荒謬答案。又，若第四個問題問了一個學生，但是幾乎沒有任何效果，就潦草結束了。其實也無所謂，老師主持時可以自行斷，因為時間寶貴，還有更重要的東西要呈現，就未必要執著於形式，一定要多少人討論、一定要如何如何，一切都可以隨機應變的。）

讓我們先跳脫這些故事和爭論，分析一下我們的爭論所揭露的概念。從我們剛剛的討論中，某些道德信條已經開始出現，讓我們來思索這些道德信條是什麼樣子。（輝誠案：桑德爾問完四個問題之後，開始進入綜合統整。如果老師問完學生之後，要進行統整時，如果怕忘了學生的答案，那就讓學生寫在小白板或紙上，直接貼在黑板、或用實物投影機展示，這樣老師就不用擔心會忘了所有學生的答案。）

在討論中第一個出現的道德信條認為所謂符合道義、正確的事，標準在於你行為所造成的結果。最後的關鍵即使殺一人救五人也是對的，這就是「結果論的道德推理方式」。

結果主義者將道德定位在結果對於世界的影響，也就是世界因你改變的結果如何；但是當我們繼續深入其他案例時，各位就不太確定道德推論法。當人們開始遲疑時是否該把胖子推下橋，或是搶奪那個無辜者的器官時，人們的立論開始轉向行為本身所代表的意義，不管結果如何，人們就是有所遲疑。人們認為這就是錯的，行為上就是錯的。殺死一個人危害一個無辜者，即使是為了拯救五條人命，至少人們在我們第二個案例裡面都會重新思考。

這是第二種分類型的道德推論，「類型道德推論法」，將道德定位在某些絕對的道德標準上。不管結果如何，都將道德定義在某些類型的責任和權力上。

未來的課程我們將會分析「結果論」和「絕對論」，道德理念之間的差異。對於結果論型態的道德推論法，最有名的就是被發明出來的功利主義，由邊沁（Jeremy Bentham）

在十八世紀發明的。他是一名英國的政治哲學家。而最重要的道德絕對論哲學家則是十八世紀的德國哲學家康德（Immanuel Kant）。我們看看這兩個不同的模式，我們會針對不同的道德推論法，並且加以評估，同時分析其他的方法。（輝誠案：大家應該可以明顯看出，桑德爾設計四個問題，最後目的就是為了讓學生可以自己導出這兩種不同觀點，也就是學生是「自己先想過，老師最後才指出」，也就是「先想後教」，等一下也會看到桑德爾讓學生課後先閱讀下週上課要討論的相關書籍，回到教室再進行討論，就變成「先學、再想、再教」，概念都是一致的，先讓學生自學自思（學生要自學自思什麼則是老師的專業與指引），最後才由老師教導。相反的，如果是一般單向講述的老師，就會變成老師一上課就開始說、同時也在黑板上（或PPT）寫下道德推論分成兩種，一種是「結果論的道德推理方式」、一種是「類型道德推論法」，前者是由誰發明、後者是由誰發明，前者的重點有哪些，後者的重點有哪些——這樣的教學方式，就是直接告訴學生答案，學生也不會有思考機會，而且學到的知識和自己的生活經驗、真實世界及生命成長歷程無關。）

如果你看看我們的課程大綱，將會注意到我們會讀很多本偉大且知名的書。由亞里斯多德（Aristotle）、洛克（John Locke）、康德（Immanuel Kant）、彌爾（John Stuart Mill）等人所寫的書（輝誠案：可見學生是回家先預習，因為大學生課後的時間比較多；如果是中小學，老師要想的是，如果可以不需要利用到學生的回家時間，那麼所有預習和閱讀的活動，是否都可以在課堂上完成就可以了，因為課堂上高速度學習、高品質學習，學生回家就會變輕鬆），課程大綱中也提到了我們不只會讀這些書，我們也會拿當代的政治、法律的爭議，來探討哲學爭議，我們會爭辯公平與不公平、平權措施、言論自由和仇恨言論、同性婚姻、徵兵制度等等實際的問題，為什麼呢？因為我們不只希望閱讀這些理論性的書籍，更希望能夠搞清楚目前的關鍵問題，特別是我們的日常生活。（輝誠案：這是桑德爾獨到之處，他將課堂上會提到的政治哲學理論，都刻意結合真實世界的議題，也就是讓學生和知識真實地結合在一起「用布魯姆的概念就是「應用」」，老師們只要懂得這樣的概念，就會知道設計問題、傳授任何知識點時，重點之一就是「將知識和學生真實生活結合在一起」。舉例來說，學思達專班數學科李昌澤老師設計數學科知識點，第一個問題經常是補充數學史的資料，上面的到是誰、何時何地、為何發明了這個知識點，然後就問學生「請說明這個知識點的由來」；第二個問題，就是直接設計一個真實的情境，讓學生去感受這個知識點如何應用在真實的情境。也就是說，不管教材如何，老師都可以通過自己的專業與問題設計，來實現「知識與生活結合」的教學理念。）

對於政治的哲學因為我們會閱讀這些書籍，我們將會針對這些議題辯論，我們將會試著看看彼此之間的關連與互相的邏輯。聽起來也許很有趣，但我得先警告各位，要讀這些書當作自己心靈上的鍛鍊，是有某些程度的風險的。這風險不只對個人，也有政治上的風險。這個風險是所有政治系的學生都該知道的，這些風險是來自哲學的目的。他教導我們，並且讓我們思考。而所借由的事實卻是我們早已知道的，這才是諷刺之處。

本課程困難之處在於我們所教到的事物你都已經知道，目的是將我們帶離原先熟悉不被質疑的設定（一位看起來像亞裔學生露出不耐表情、翻起白眼）。（輝誠案：課程下略，底下還有桑德爾的精彩統整，還有其他二十多堂課的精彩內容，有興趣者可自行上網觀看，這是網路公開課程——也就是之前所說，教學一旦錄影起來之後，放上網路公開，課程就可以記錄、重複學習、突破時空學習。我經常在工作坊播放這段教學影片，邊播放邊解說，通常播放到這裡就結束了。我提醒現場老師，桑德爾風度翩翩、口才又這麼好、問答式教學時的主持、應對、師生互動精彩無比、問題的設計又環環相扣、貼近真實生活，但是他才單向講述五分鐘左右，學生就流露出不耐的表情了——更何況一般老師沒有桑德爾教學這樣厲害，還要單向講述四十分鐘、甚至五十分鐘，學生的感受便可想而知了。）

學思達老師如何鍛鍊自己的主持、應對和統整能力，我的第一個建議就是先把桑德爾的正義課十二講全部看完（朱學恒先生於 MyOOPS 開放式課程平台之中文字幕版，請掃描 QR Code），會學到很多很多，然後慢慢在課堂上鍛鍊，慢慢從實務中累積經驗，這也是學思達迷人之處——學，然後知不足。老師不斷自學，然後每天在課堂上不斷練習、鍛鍊自己，也鍛鍊學生，於是老師和學生，都走向不斷成長之路。

（感謝邁可・桑德爾教授和朱學恒先生授權引用文字）

心法 5

班級經營力

15

用薩提爾化解教學中的各種困難

覺察

當老師開始進入知識點的教學，他必須馬上化身為主持人，開始讓每一個知識點進入學思達五步驟流程：自學→思考→討論→表達→統整。

當然，要順利運轉五步驟，並非易事，必須取決於很多因素，例如：學生端的自學習慣與能力、受過填鴨教學時間的長短、學生的各種能力（討論、發表、合作）；以及老師端的學思達觀念的確立與否、流程的清晰度、講義的製作良窳、主持能力、專業學術素養等等。若是學生沒有足夠的能力，也沒有關係，意味著老師必須從頭開始教起學生，起始點比較辛苦而已（這也是為什麼我們想要讓學思達老師聚集在一起開設學思達專班，這樣訓練起學生就事半功倍，一個老師訓練好了，同一班的其他老師就不需要再另外訓練了）；若是老師沒有足夠的能力，也沒有關係，先從小幅度、時間較短的方式開始進入學思達，慢慢熟悉，熟而生巧，最後再進入完整的學思達。

然而，當老師進入學思達五步驟流程，很快就會遭遇到學生出現以下反應：不自學、不思考、不討論、聊天、發呆、做其他事、滑手機、睡覺等等。遇到這種情況時，老師該怎麼辦呢？我認為，老師必須面對學生的真實狀況並進行處理，但在處理學生的問題之前，老師必須先處理好自己的內在。這是怎麼說呢？

一座冰山 V.S 三十座冰山

容我先岔開主題，我自從認識李崇建老師之後，最大的收穫就是學會用美國心理諮商學家薩提爾女士（Virginia Satir）的冰山圖來察覺自己的內在狀態，同時也用冰山圖來做為與其他老師討論教學時的共同語言，幫助老師進行自我內在察覺，以及如何進行有意識的師生對話。

薩提爾女士以冰山圖做為人的內在隱喻——用浮露於水平面上的冰山，比喻人表現於外的外顯行為；用水平面底下的巨大冰山塊，譬喻隱而未顯的人的內在心理狀態（見頁一六六）。換句話說，每一位老師都是一座冰山，能夠讓他人看見的外顯部分，只有表現出來的一小部分行為（包括表情、姿態、言語、動作等等）。而且每一個學生也各都是一座冰山，如果老師面對三十個學生，那就是老師這一座冰山面對學生共三十座冰山。

我在學思達工作坊經常以一個真實情境來解釋薩提爾的冰山圖。這個情境是這樣：假使當一位老師在上課時興奮無比的解說著，結果忽然看到一個學生不支倒地、伏在桌上睡著了。

這時請您誠實面對自己，捫心自問：「如果你剛好是這位任課老師，當看到學生睡著時，你會感到喜悅的請舉手？會感到興奮的請舉手？會感到成就感的請舉手？」——答案幾乎都是一致的，沒有一位老師會舉手。

好，我們再想一想，當你上課時看見一位學生睡著了，請問：「你會有一點點難過的請舉手？有一點點失望的請舉手？有一點點沮喪的請舉手？有一點點挫折感的請舉手？」——通常，會有超過一半以上的老師舉手。

換句話說，上課時才一個學生睡著，在一瞬間幾乎老師所有正面情緒都消失無蹤，而且超過一半會浮出負面感受。

也就是說，當課堂上出現學生睡著的外顯行為時，很快就會牽動老師內在冰山下的第一層——「感受」。感受就是情緒，情緒有很多，喜怒哀樂諸般情緒，可以劃分的非常細膩，重點在於老師能不能察覺、關注、甚至接納自己的情緒狀態。

如果老師還不能察覺自己的內在狀態，很可能就會開始直接應對，從冰山圖來看，假設老師看到學生上課睡覺的外顯行為，自己內心懷抱著一些負面情緒，結果馬上就要開始應對，而且這些應對方式大多是後天學得的慣性反應，正如薩提爾提到的最常見的四種應對方式：

第一種是「指責」。這也是大多老師最常採用的應對方式，因為老師相對於學生，權力大，位階高，口氣也就不會太客氣，何況心裡還有負面情緒，也許刻意壓抑著怒氣，伸長手指著睡覺同學，語帶指責：「怎麼睡著了？醒醒！」

第二種是「討好」。少數老師會採用這樣的方式，語氣過度溫和：「同學，不要再睡囉，醒一醒囉，快下課了，再忍耐一下。」

第三種是「超理智」。對著學生大談道理，例如：「同學不要再睡了，一寸光陰一寸金，少壯不努力，老大徒傷悲。人的生命有限，上課不能睡覺……。」

第四種則是「打岔」。老師完全忽視學生睡覺現實，根本不處理，當作沒看到。我們從小到大遭遇過朋友發動的冷戰，或我們主動對親友發動冷戰，都是「打岔」的一種。

這四種就是薩提爾認為人常見的四種求生存應對姿態，人們在什麼樣的位置、情境，就會依循著自己的習慣採取應對姿態。老師對學生或自己的小孩很可能經常出現指責、面對校長又可能出現討好或超理智、面對家長可能出現超理智（背對家長又可能變成指責）、面對棘手的同事關係可能就選擇打岔，因著不同的狀況而出現各種不同的應對姿態。

但是薩提爾認為，最好的應對姿態是第五種：「**一致性**」。意思是，內在和外在保有一致性。

內外和諧一致，可能不容易懂；但是內外不一致，大家可能比較熟悉，我們看一個人聲嘶力竭、面紅耳赤地說：「你不要再講了，我告訴你，我已經完全沒有在生氣了！」這是典型的內在與外在不一致。還有一種，我覺得應該也很常見，就是內外並不對等，好比說，父母對著小孩什麼都講了、都罵了，就是不告訴小孩，爸爸這樣做、媽媽這樣說，都是因為爸爸媽媽擔心、害怕，還有愛小孩。

薩提爾認為人最好的應對方式是「一致性」，內在與外在和諧一致，用很平和、穩定的語調和聲音，把內心的想法直接講出來，不帶著討好、也不帶著指責，沒有超理智、也沒有打岔。如果老師學會了這樣的應對方式，和學生的溝通和對話就會進入很迷人的狀態。（關於「一致性的應對姿態」可以上網觀看李崇建老師演講影片的聲音和姿態，以及對話示範，比較容易知道何謂「一致性」。）

老師若能察覺自我「感受」之後，不急著馬上採用應對姿態，才比較有可能進入冰山底下更深的「觀點」、「期待」和「渴望」。如果老師連自己的的情緒都沒辦法察覺的話，自己難以穩定下來，就更難能夠察覺學生內在的感受？所以老師第一步要做的事情，並不是處理學生的問題，而是察覺自我的內在感受。

李崇建老師提醒大家，記得深呼吸，停頓，靜靜察覺內心情緒狀態、接納自己的情緒，然後開始轉化情緒，穩定自己之後，轉為欣賞自己，自己再給自己力量。其過程如下：

覺察：我「**感覺**」自己有一點兒生氣、沮喪、挫折。（停頓十秒）

承認：我「**承認**」自己是生氣、沮喪、挫折的。（停頓十秒）

允許：我「**允許**」而且「**接納**」自己感到生氣、沮喪、挫折。（停頓十秒，甚至更長時間。然後做五次深呼吸，感覺呼吸從鼻腔進，從鼻腔出）

轉化、欣賞自己：告訴自己，即使我感到生氣、沮喪、挫折，我依然面對學生的問題，我依然這樣努力不放棄，我很「**欣賞**」這樣勇敢的自己、這樣認真的自己。

也就是說，老師在課堂上遇到任何問題，第一件事永遠都是先處理自己的情緒，穩定好自己的情緒後，才能繼續深入自己的內在，去察覺「感受」下面更深一層「觀點」。

教師自身的觀點、期待與渴望

為什麼上課時學生睡著，老師會很快浮出負面感受？原因通常要挖掘老師心中既定的「觀點」，那就是——學生上課就應該醒著，醒著代表上課認真，一旦學生睡著，就意味著學生不認真。學生睡著了，就違背了老師既有的「觀點」，老師自然會浮出負面的情緒。反過來說，如果老師的「觀點」是：「學生上課愛聽不聽是學生自己的事，我管不著。」這樣如果學生上課睡覺，這樣的老師大概不會浮出任何負面感受。

「觀點」再往下一層就是「期待」。薩提爾將「期待」分成三類：對自己的期待、對他人的期待以及他人對自己的期待。移到老師和學生的關係時，就變成老師對自己有期待，老師對學生有期待，他人對老師有期待。「老師對自己的期待」就是，我備課這麼認真、教學年資這麼豐富、口才這麼好、教過那麼多傑出學生，我期待我自己的良好表現能夠讓學生都炯炯有神上課。而「老師對學生的期待」就是，學生上課應該要全心全意投入、用專注的眼神來回饋給老師。還有「他人對我的期待」，如果校長、主任等一下走過去巡堂，他們看到有學生睡著，他們會怎樣評論我？——於是一個學生睡著之後，老師的期待全部落空，自然就會浮出負面的感受。（所以面對一個充滿情緒或是抱怨連連的學生，通常他們釋放的訊息就是「內在期待落空」、「期待沒有被滿足」，老師要做的事情就是核對出學生的期待。）

冰山圖中的「期望」底下，還有「渴望」。薩提爾歸納出每個人都有內心最深的共同渴望，渴望被愛、渴望自己是可愛的、渴望自己被接納、被認可、渴望自己是有意義、有價值，渴望自己是自由的。但是課堂上學生一睡著，老師很快就感覺到學生並不接納老師、不認可老師，老師不被學生愛（老師會想：如果學生真心敬愛老師，是不可能會倒下去睡覺）、老師不覺得自己可愛了、老師突然覺得自己沒有意義、也沒有價值，而且老師是不自由的（老師被迫要處理學生睡著的問題）。學生上課一睡著，沒想到會從最深的內在地方，深深地傷害了老師。

演講時，我經常舉一個實例來示範，「觀點」一旦改變，「感受」和「期待」都會跟著改變。

四年多前，我開始隨時開放教室，當時我號稱：「沒有一節課不是高效益、高品質，而且沒有一個學生會睡著。」一年過去了，風風火火，確實成功做到。但是一年之後，忽然有一天來了一百多位觀課老師，整間教室的空缺處坐滿觀課老師，教室擠不下還擠到外面的走廊上。上課上到一半，結果有一個學生趴在桌上睡著了，我當時見狀，怒火中燒！但是太多觀課老師，我不能發作（這也是我認為開放教室的好處，老師不能情緒失控，也不能對學生進行言語暴力），只能壓抑著怒火，走到這位學生的旁邊，指責地問：「為什麼睡著了？」結果學生抬起病懨懨的臉，說：「老師對不起，我經痛。」

重點來了，我會問之前看到學生睡著會有負面感受的老師，如果知道學生趴下去睡著是因為經痛，還會生氣、難過、沮喪嗎？所有的人都不會舉手了。為什麼會變成這樣，因為老師的「觀點」改變了，「感受」和「期待」也跟著改變。

所以真正的問題出在哪裡？出在老師困在自己的內在（困在自己的感受、觀點和期待），困在自己的應對姿態（內外不一致，而且如果是單向講述，還要被迫停止上課，壓力也就更巨大），而忽略了學生的內在（學生也有自己的感受、觀點和期待）。所以當老師要開始和學生對話的時候，第一件事就是穩定老師自己內在（察覺、承認、轉化自己的感受，核對自己的觀點與期待），老師自己穩定之後，接下來就是逐一核對學生的內在（核對學生的行為、感受、觀點、期待），用內外和諧一致的應對姿態，連結學生內心最深的渴望（愛、被愛、被接納、被認可、有意義、有價值、自由），這樣就能點燃學生內在最深的生命力，老師和學生都能在平和的學習狀態中不斷相互滋養著、相互成長著。

如何做到？我且舉一個實例來說明。

當學生在自學時，有學生趴下去睡著了（當然也可以換成其他情境：不自學、不思考、不討論、聊天、發呆、做其他事、滑手機等等）。學思達老師不是在課堂上巡視嗎？看到學生睡著了，第一件事就是走到這位學生旁邊，蹲下身去，老師的眼睛與學生眼睛平行相視，讓學生感受到老師和他的姿態是平等的，然後開始對話：

師：「怎麼了？不舒服嗎？老師看到你睡著了。」（輝誠案：核對「感受」（不舒服）、核對「行為」（睡著了）、表達關心（怎麼了）。應對姿態：語氣不指責、不討好、不超理智、不打岔，平和而內外一致。）

生：「沒有！」（輝誠案：學生否認行為。挑戰是：老師可能會生氣。老師要先敏銳察覺自己的情緒，讓自己穩定下來。）

師：「這樣子啊，覺得很累嗎？」（輝誠案：再次核對感受。）

生：「不會。」（輝誠案：學生又否定自我感受。挑戰是：老師可能會生氣，而且不知該如何再問下去。）

師：「昨天幾點睡呢？」（輝誠案：重啟問句，表達關心。如果時間換成下午，我會將問句換成「中午有午睡嗎？」）

生：「四點多。」（輝誠案：學生說出自己睡覺背後之主因了。為什麼學生一開始不這麼說呢？原因是學生也困在自己的「感受」當中，老師忽然叫醒他，他很緊張、也很焦慮，怕被責罵、怕被處罰，學生一旦困在自己的情緒當中，如果老師的內在不穩定，學生內在就會更混亂，不可能會穩定下來。）

師：「怎麼了？四點多才睡覺？」（輝誠案：核對學生「行為」和「觀點」。）

生：「趕英文報告作業。」（輝誠案：學生表達自己觀點。）

師：「你很認真啊，做報告做得這麼晚。」（輝誠案：連結學生「渴望」（有意義、有價值）。）

生：「沒有認真，是最後一天才做。」（輝誠案：學生陳述事實，同時否定了「渴望」〔有意義、有價值〕。）

師：「最後一天你還願意熬夜做完，你真是很有責任感。」（輝誠案：繼續連結學生「渴望」〔有意義、有價值〕。）

學生沒有回答。

師：「昨天四點多才睡，你應該沒有睡飽，現在一定覺得很累吧？」（輝誠案：再次核對感受。）

生：「有一點點累。」（輝誠案：學生開始覺察和承認自己的感受，老師和學生也開始有了內在的連結。）

師：「你現在需要睡一下嗎？」（輝誠案：核對學生的「期待」。）

生：「老師可以嗎？」（輝誠案：學生透露出「期待」。）

師：「當然可以，因為你睡飽了，等一下才有體力繼續上課，而且老師上課要講的話、要問的問題都寫在講義上了，你睡飽之後，另外找時間再看，有問題可以請教同組同學，老師明天再問你這些問題，可以嗎？」（輝誠案：再次核對學生的「期待」。而且這時候老師之所以可以允許學生睡覺，在於有學思達講義，講義的重要性這時候就會顯現出來，有講義，學生才能重複學習。）

生：「謝謝老師。」（學生就趴下去睡覺了）。（輝誠案：有時候，同樣的問句，我問學生需不需要再睡一下，學生剛剛明明已經睡著了，但是卻還是這樣說：「沒關係，老師我還可以再撐一下下。」這樣的對話，其實很迷人，因為言語之中，有許多師生之間內在的連結，學生可能不知道，但是老師有了薩提爾冰山圖的概念之後，就能夠清楚知道自己的對話用意和目的，也就更能知道對話在師生之間產生的連結和力量。）

所以一旦老師內在自己能夠先安頓、平和、穩定下來，就有能力去關注到學生的外在和內在，就像圖十八這兩座並列的冰山，老師會開始嘗試著去核對學生的行為、感受、觀點和期待，同時不斷試圖連結學生的「渴望」與「自我」。

這時最簡單的問法就是，將主詞從「我」改成「你」。例如可以常用底下幾種問法：

開始聯結：怎麼了？**你**還好嗎？（表達關心）

核對行為：老師看到**你**＿＿＿＿？（例如：**你**睡著了？**你**拿了別人的東西？**你**打了同學？）

核對感受：**你**覺得難過嗎？生氣嗎？後悔嗎？痛苦嗎？委屈嗎？……

核對觀點：這件事，**你**有什麼看法？（你的意思是？）

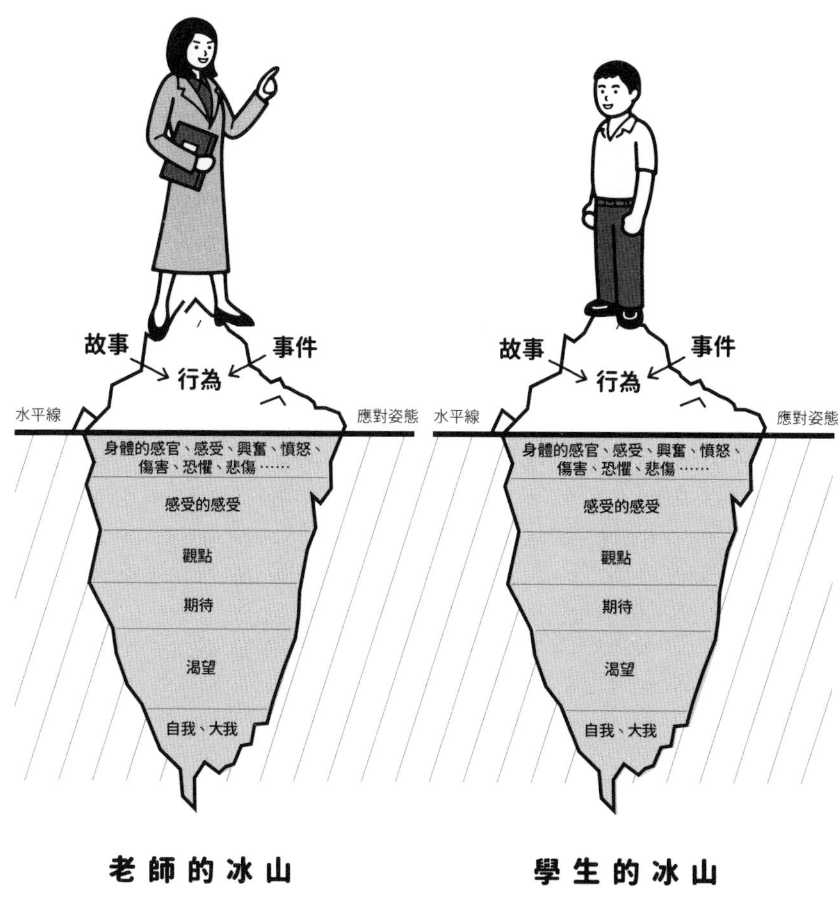

圖十八：課堂中的薩提爾溝通模式

核對期待：怎麼辦？**你**覺得接下來要怎樣才好？**你**希望得到老師什麼幫忙？如何幫忙？

連結渴望：你是一個很善良的小孩、很勇敢的小孩、很誠實的小孩、很體貼的小孩……（即使小孩犯錯，他依然有優點和資源，老師要去開發出學生的優點和資源，讓學生自己產生更多的力量，支持著自己。）

學思達教學的課堂，每一堂課都有頻繁的師生問答與應對。假使老師沒有意識到自己的內在狀況、採取一致性的應對方式，很可能就會在有意無意之間帶給學生言語上、姿態上、內心深處的傷害，這些傷害有時很輕微，有時候也很可能是非常深刻、殘留非常久遠的。但是，如果老師懂得穩定自己的內在、表現出良好的應對方式，就有可能和學生建立深刻的聯結，給予學生最深、最大、最溫暖的力量，從而連結到他深藏在內心深處的生命力（薩提爾的冰山圖內心最深的一層就是「自我」——生命力、精神）。

開展
學思達
連結網

16 擴散

跨校、跨科、跨國界的學思達連結網

二〇一七年八月，我受OPI國際大會之邀，在淡江大學和東京大學佐藤學教授各進行一小時主題演講與對談。這是第一次學思達（張輝誠）與學習共同體（佐藤學）的公開對談。

會議結束之後，當時我的感想是，佐藤學先生從宏觀、整體、哲學的角度切入教育現場，但是我做為一個學校當中的個體老師，則是從微觀的、個體的、實務的角度切入。佐藤先生特別關注教育理念如何由上而下的實施，從全校實施同時連結社區資源，佐藤先生說：學習共同體在日本推動的主力方式是校長，支援者則是區公所，而真正推動改變的背後力量是佐藤學以及他的團隊；但是我關注的則是，如何幫助一個缺乏學校或任何資源支撐的教師個體成功的改變，然後匯集串聯，散發力量，去影響更多老師，逐漸形成一個成長群體。

對談時，我問佐藤先生：「學習共同體究竟是理念？還是一種教學方法？」因為在臺灣已經人言言殊（例如淡江大學潘慧玲老師把臺灣各種創新教學都歸入學習共同體，我特別澄清，學思達不是學習共同體，我也在演講時當著佐藤先生的面特別指出，我完全不認同臺灣學習共同體老師觀議課的方式，也不認同學習主力是共學，也不太認同學習共同體的複製模式，例如由上而下。）佐藤學回答，學習共同體在古希臘就有了，他又融合幾個重要教育理論和概念，集大成而形成學習共同體。佐藤學在會議中原文提到：

「『學習共同體』是我在約莫三十年前所提出學校改革及教學改革的願景、哲學、活動系統。起源有三個，其一為十九世紀末的杜威實驗學校為其起點，一九一〇年起在世界各國開花結果的新教育（進步主義教育、革新教育）的研究，與實踐的傳統；其二為包含社會民主主義的人文學，及社會科學的教育學研究；其三為綜合前述之學校改革及實踐教學改革的集大成。」

又說，他認為教育改革由下而上很難，由上而下比較有可能。我回答說，臺灣由上而下教育改革已經二十年了，教學現場變化並不太大，學習崩壞的現象（佐藤學之語）並沒有改變多少，我深信羅賓森（Ken Robinson）在《讓天賦自由》（*The Element: How Finding Your Passion Changes Everything*）書中的話，每一個人都可以在自己的位置付出努力，讓教育愈來愈好，而且臺灣這一波新的教育改革正是由下而上產生，然後再慢慢影響上層決策。

雖然我和佐藤先生的作法並不相同，但我還是很尊敬他，因為像他一樣的學者還願意這樣長期關注教學現場，可謂少之又少，很感人，也很讓人尊敬。

底下摘錄一位認識佐藤先生和我的一位大陸校長的觀察，我覺得很準確。

廣東省深圳市桃源居中澳實驗學校（原深圳清華實驗學校），劉凱校長：

「佐藤學教授和張輝誠老師都值得尊敬！如果你用對一個優秀的教授和學者的標準衡量佐藤學，他真的很令人欽佩，一千多所學校，數千節課，這個世界上還真沒幾個大學教授和學者能做到！輝誠老師更難能可貴，十幾年如一日，為了讓學生真正成為課堂的主動學習者，他探索總結，開放分享，由一個人逐漸影響和感染一群又一群懷有相通理想和抱負的教育人，凝聚力量不斷前行。

佐藤教授基本上靠『說』，靠理論性的述說；而輝誠老師和其戰友們，則不僅要思考，更要靠用行動與堅持，才能打開了一間又一間教室，也因此凝聚了愈來愈多的同路人。當學思達已經在用互聯網精神和方式傳播並迅速發展，佐藤學教授還是只帶著他的一個祕書助理滿世界奔波。行動的示範效應和感染力，令理性的述說永遠望塵莫及！學思達，直接作用於心，喚起情感共鳴和行動；學習的革命，則作用於腦，讓人思考和冷靜。佐藤學不是行動派，不會真切體會一線實踐者的諸多無奈和困窘，也是可以理解的。」

就是這種互聯網的網路精神，慢慢就會出現學思達第二個專有名詞：「學思達連結網」（也可簡稱為「學思達連結」或「學思達網」）。

這是學思達很迷人的特徵，一旦開始學思達，慢慢向成熟之路時，過程可以不需要任何額外的資源，只有出現一個老師、主任或校長，就能開始產生強大的連結能力，連結學生、連結其他老師、主任、校長、連結家長、連結校內、校外各種老師或資源、甚至連結教育圈外的其他專業（如商業圈、文化圈）、連結跨縣市、跨省、甚至是跨國。

底下且讓我舉三個例子說明這種個體老師的學思達連結能力。並且說明為何只需要一個老師，就能成為教育改革的發動機——學思達之迷人，就在可以幫助老師點燃內在的發動機，成為教育改革的先鋒，而且是一個接一個不斷出現。

之一：中山醫學大學牙醫系余權航教授

余權航教授接觸學思達的過程很奇妙，一開始只是為了精進自己的ＰＰＴ製作技巧，看了葉丙成教授在臺大網路上的簡報課影片，看完後，收穫良多，於是去書店想買葉教授的書。沒想到葉教授的書有單賣，也有搭配《學思達》兩本一套賣（兩本買比較便宜），他便買了套書。看完葉丙成《為未來而教》之後，收穫很多，於是再看套書的另一本《學思達》，深受震撼，幾乎說中了他教學的全部困境與難點，但同時也指出了一條全新的教學改變之路。

然後他就親自到中山女高觀課兩次，也去參加過我在臺北市永吉國小所主持的學思達工作坊，後來又再特地到彰化師範大學參加我主持的一整天「學思達進階工作坊」。他為人非常低調，從未和我打過招呼，他只是默默地參加，默默地實踐，然後就開始在自己的教室中，用學思達來教導牙醫系學生（甚至還寄出他的講義到中山女高讓我提供意見）。不僅如此，他還曾經寫了一篇文章向臺灣牙醫學界鄭重推薦、介紹學思達，這篇文章已經刊載於〈學思達教學法於口腔胚胎與組織學之運用〉（收錄於《臺灣牙醫界》，二〇一六年三五卷十一期）。此外，余教授也在中山醫學院教師研習演講分享學思達，現在又要組成一個「學思達牙醫學教育」社群！

二〇一七年十一月，余教授受邀到陽明大學為老師們演講，分享學思達。

他特別提到，臺灣醫學院系的大學老師在教學、研究、看診都需要同時進行的壓力下，非常辛苦！再加上他自己還有三個小孩，更是蠟燭兩頭燒。但他知道學思達最重要的是講義，在不想犧牲和小孩相處時間的前提下，但教學和行政工作都很忙碌，於是他決定犧牲「兩個門診看診時間」，拿來製作學思達講義——他說，這意味著收入會減少，而且學思達講義也不能讓他再升等，對他也不會帶來任何好處，但他為什麼要這樣做呢？因為他覺得教書是一種志業，他想要和韓愈一樣做到「傳道、授業、解惑」。

我聽到余教授這樣講的時候，真的非常感動，因為他本身也從事創新公益看診服務

（請掃描 QR Code），用公益之心與牙醫專業幫助深山行動不便的患者照顧口腔健康，非常感人——學思達能感動余教授，真是太榮幸了！同時我們也被余教授所作所為深深打動，這就是我常說的，學思達用感動傳遞感動啊！

當初獲得余權航教授的認同、實踐與開創，我就有一種感覺，學思達差不多要進入師生素質幾乎都是最頂尖的醫學教育，現在終於一步步走到邊緣、準備進入其中了。當然，余權航教授的學思達分享就會顯得愈來愈重要了。我相信，余教授會用他驚人的能量，再去感動更多人、連結更多人。

之二：美國加州矽谷華文學校陳麗芬老師

二〇一七年十一月七日，有一位來自美國加州矽谷華文學校的陳麗芬老師來觀課。

她說她是特別來當面感謝我的，我問為什麼？

她娓娓道來她在美國任教，教美國出生的華人學中文的故事。那裡的學生不僅大多對學習沒興趣、學習動力差、經常缺課不說，就算來上課也是經常露出無奈表情，她教得很辛苦，學生學得也很辛苦。

後來麗芬老師自己上 YouTube 研究，忽然就看到我在「TED×Taipei」的演講影片，看完後很激動，於是又再搜尋了「張輝誠」在網站上所有演講影片，把每一部我演講的影片都看完，尤其是我教導老師們如何使用《青春第二課》教閱讀與寫作（這系列超過十小時），她還在網路找到搭配當場演講我製作的「學思達講義」，邊看演講邊看講義，因而深受啟發，現在她的十年級學生的「閱讀與寫作課」，就全部改成用王溢嘉《青春第二課》來當教材，同時用我教的學思達和教寫作方法來教學生。

結果，效果之好！連她自己都覺得不可思議，學生竟然愈來愈喜歡上課，出席率幾乎都是百分之百，而且學生的閱讀和寫作能力也愈來愈好。之前麗芬老師曾經私訊問了我一些關於師生對話的要領，我推薦她去看李崇建老師的書，用薩提爾的方式進行上課的師生對話，結果師生的感情也變得愈來愈好。

麗芬老師一路做講義，做了兩年，現在漸入佳境，上課的情況就像我演講時所說的，學生會安靜自學、小聲討論、上臺發表，真的很迷人，她也開始覺得教學好有成就感。後來她還分享給同校的另外兩位老師，他們兩位也開始運用學思達來教《孫子兵法》和成語。

於是她又在北加州分享給附近的華語學校，有二十幾位老師前來聽講，未來她希望可以讓更多人知道學思達。

上回麗芬老師因為臨時家中有要事而回到臺灣，居然特地來中山女高，當面向我致謝。見面時，我其實很激動，陳麗芬老師就是典型接觸學思達而劇烈轉變的老師，先是看影片而產生共鳴，開始親身進行實驗，看到明顯變化，然後又不斷精進（她編了兩年的學思達講義，而且還上傳學思達平臺，分享給更多美國的華語老師），然後現在又可以分享給更多人！

很多學思達老師的改變都是類似這個相同模式。一個個體老師改變了，就能開始感動、連結更多人。

謝謝麗芬老師千里迢迢來，只為了道聲感謝，謝謝她帶給學思達更多的感動，同時也注入更多能量，我們在太平洋兩岸一起努力，用學思達改變填鴨教育，幫助更多老師和學生！

底下附錄臉書上麗芬老師和一位家長的公開留言，也可以看到學思達的強大連結能力，可以讓更多人連結起來，讓教育愈來愈好，親師生三贏。

陳麗芬老師的分享

兩年前無意中發現輝誠老師的學思達，覺得可以用在我的課堂上做閱讀和寫作的加強。一開始不知道怎麼做，可是又不想等東風，於是就一邊做一邊改。遇到瓶頸就私訊輝誠老師，例如學生程度差異很大，老師就建議我編程度不同的講義。後來我還訓練學生自己出題來考同學，他們很認真的出題目，我只要負責找到跟他們有關的教材。學生上課有趣，老師上課也變得很輕鬆。

家長 Saneey Chiu 的分享

謝謝輝誠老師，我兒子就讀矽谷另一所中文學校，今年全校四年級以上，全面改用學思達教法。我真的感受到孩子的中文進步與熱情被點燃。感謝你！

前幾週家長需要協助與幫忙，但是到了目前上課進入第八至九週，四年級孩子已能自己先回家預習，課堂上開心地參與課堂討論與活動，上中文課變得更好玩了！

之三：馬來西亞威北農民小學林昕倪老師

林昕倪老師曾在「學思達教學社群」分享了她用學思達公開教室及公開授課的紀錄與過程，甚至有觀課老師希望昕倪老師能為他們舉辦學思達工作坊。

我對昕倪老師很好奇，因為我並不認識她，詢問馬來西亞華語小學（馬來西亞的華語小學是公立，人數眾多）另一個重要學思達推手許詩潔老師，詩潔老師跟我說，昕倪老師曾在二〇一六年到她的學校「瓜拉古樓育才小學」參加過我主持的兩天學思達工作坊，之後就開始了學思達歷程。

工作坊之後，她又自費參加李崇建老師的工作坊，所以她接觸學思達後，再加上阿建老師的薩提爾冰山，配合情緒卡的運用，找到了適合自己和學生的方法。她也和幾位同事到過許詩潔老師的育才小學觀課，議課時，詩潔老師請她分享她的教學法。之後，詩潔老師又再聯繫她，希望她允許她們去觀課。她的第一次開放課室就獻給了育才小學的老師。

北部馬來西亞的老師比南部馬來西亞的老師缺少機會和資源，那時候她有些顧慮，因為她在微型學校，每個年級只有一班，每班的學生數量只有十幾位。詩潔告訴她，只要她願意開放課室，有了第一次，就會陸續又來。

在接觸學思達之前，昕倪老師本身是兒童文學的推廣老師，為了學生，她自費四千至五千馬幣買了很多很多兒童文學，讓這一班學生借閱，她的方法源自鼓勵學生閱讀。

詩潔老師在她的課堂中，看著學生們上課的狀況，真的很感動，尤其是學生們的觀察力非常的細膩，詩潔老師聽著學生們分享小組討論的成果，加上昕倪老師的提問，更多的是感動，起了雞皮疙瘩。

二〇一八年，詩潔老師會再邀請她到育才小學分享，也和她說好要一起翻轉北馬（馬來西亞北部），因為學思達另一個大推手藍志東老師在南馬（馬來西亞南部）。

我相信，昕倪老師慢慢地也會開始出現信心，分享給更多人關於學思達的教學觀念、技術和更多能力，讓更多人一起成長，最後她也會變成一個強大的發電機。

以上僅摘錄三位二〇一七年學思達新秀教師的分享，像這樣從老師自身的改變，促發學生學習上的轉變，學思達老師還有很多很多令人感動的案例。一旦點燃了個體老師的內在熱情、能力與能量，他就能點燃學生的熱情、能量與能量，當然就可以再不斷傳遞出去，讓感動傳遞感動，能量匯聚出更多能量，而且連結同校、跨校、跨縣市、跨學科，甚至是跨國的老師，形成一座範圍愈來愈大的「學思達連結網」。

17

外展
學思達如何推廣

我在鄉下讀國中一年級時（一九八六年），公民老師不知何故必須舉辦一場公開課，會有校外老師進班上觀課。公民老師為此十分緊張，如臨大敵，前前後後大約彩排了一個月，連老師上課提問、哪些同學負責舉手都已經安排好了，當然，連回答內容也都經過老師精心調整與修訂。我也被刻意安排演出一場短劇，內容是：一位挑夫買彩券，沒想到中了頭獎，很興奮又怕彩券丟失，於是刻意藏進每日挑運貨物的扁擔隙縫中。這一天終於要去領獎，路過江邊，挑夫心想，從此之後再也不需要這樣辛苦挑運東西了，一時心血來潮，竟將扁擔投入江心。到了兌換站，這才發現彩券藏在扁擔之中，懊惱不已。

我扮演的角色正是那位挑夫，那天應該演得還不錯，上課也上得精采，觀課老師似乎也很滿意，該笑的時候都跟著一起笑，可說是賓主盡歡。但公開課結束後，我們又回到常態，教室照樣封閉，老師照樣填鴨，上課不再有問答，也沒有戲可以演了，平淡無奇。

這件事，放在我心裡好久好久，我現在幾乎完全忘光了國中公民老師三年上課教些什麼，但我卻清楚記得當天演戲的每一個細節（這就是我常說的，動手做的教學成效高達七五％）。這件事也讓我見識到公開課不能說的祕密，那只是表演，不是真正的教學現場、真正的教學常態。

讓我們回到一個核心問題：為什麼老師會將教室封閉起來？

我的觀察是，臺灣教育現場缺少「開放教室」的風氣，因此讓封閉教室的習慣變成一種超穩定的常態。若談到開放，頂多走向一次或數次性的「示範公開課」（無論是被強迫或志願），示範公開課當然不會全都作秀或造假，一定也有貨真價實的教學。但問題來了，一次性的開放教室真的很難說服人、使人信服。如果這堂公開示範課如此精彩，那麼可以複製到每一堂課嗎（是否可長期持續）？每一堂課都還能這麼精彩嗎？這些提問，都是一次或數次示範公開課示範老師必須面對的挑戰與質疑。

臺灣老師迫切需要哪些東西？

我認為，臺灣老師最需要的是看到「**真實的教育現場**」，什麼叫做真實的教育現場，就是每一分每一秒，隨時開放教室讓大家觀看。雖然各地有公開授課，但是公開授課無論教得多好，觀課者心裡還是覺得有作假成分，大家根本不知道公開授課的老師到底為了這堂課準備了多久、練習多久、彩排多少次？還有每一節課授課真的都是這樣嗎？隨時開放教室的現場，才能真正感動、甚至震撼老師。

而且不但是真實教育現場，還必須是成功的教學現場，並且還能有效複製，不然只有授課的老師才能做到，那也沒用，就只是一個明星老師作秀而已。

臺灣老師還需要一個「**後援支持系統**」。這個後援支持系統，必須包括「**教學技術和方法**」的分享，「**學科專業知識與素養**」的分享，尤其是「**教學技術的分享**」，才能讓老師有不同於填鴨教育方式的選擇，一旦有了新的教學技術和方法，才可能有機會跨入各學科，進到不同學科專業知識去應用。

臺灣老師也需要「**相同處境的教學分享**」。例如隨時開放教室之後，很多觀課老師都會問同一問題：「因為你在名校，你的學生很優秀，才能做到吧！」所以學思達必須讓各種程度的學校和學生都能成功，都會名校的老師去為都會名校老師分享，偏鄉學校的老師去為偏鄉學校的老師分享，國小老師對國小老師、國中老師對國中老師、高中老師對高中老師、大學老師對大學老師，不同學科老師對不同學科老師，因為擁有相同處境、相同背景、相同基礎、相近的學生素養，就更有說服力。

還有，臺灣老師也需要「**團隊感**」。有了團隊，才容易出現向心力，出現團體動力，進而相互砥礪、相互激盪，產生更多的創意與活力。

臺灣老師也需要「共同教學對話的語言」。老師之間，什麼都可以聊，就是很難進行教學對話，原因在於大多家都採單向講述，單向講述就只能靠口才和學養，這兩者都很難討論。同一學科尚且難以對話，不同學科間的教學對話自然更是難上加難。於是打造出「老師之間可以對話的語言」就變得非常重要。

知道臺灣老師迫切需要什麼之後，學思達就必須逐一來幫助老師。學思達希望「以老師為中心」，可以滿足老師教學上的迫切需要，因此一開始我便擬定了幾個重要的推廣策略：

1. 隨時開放教室

如果我的教室每天打開，就能讓老師們看到最真實的教學現場，而且每天有不同的老師來觀課，我就能每天對不同的老師進行面對面、個別式的研習。

所以二〇一三年九月九日，我做了臺灣教育史上沒有人做過的事情，我把我的課表放在網路上，隨時開放教室，歡迎任何一位老師來觀課。但是事實很殘酷，開放教室一個月都沒人來觀課，終於出現第一位老師時，我非常非常振奮！我抓著他，一直跟他講解學思達，這個人，就是學思達開始擴散的第一人。

開放教室是這樣，有時候可能沒人，有時候一兩個老師，有時候又擠滿整間教室。學生自學時，我就會走到教室後面，對著來觀課的老師小聲講解（怕影響學生自學），每次大概只能對著四到五個人講解，若是有三十個老師觀課，我就要重複講上六遍同樣內容。每天我就是這樣重複講，一講再講，講了四年多。所以很多人問我說學思達到底是怎麼樣推廣出來的，這恐怕就是最扎實的基本功，日復一日做同樣的事情（還有我幾乎每天寫學思達大會報告，四年多寫了幾百萬字）。為什麼我可以做到，因為我每天都有很強大的熱情，特別是我知道老師們是專程從各地千里迢迢來觀課，我的熱情就一直被他們的熱情鼓盪著。

四年多來，超過全世界六千個老師來到我的教室觀課，這個數字代表著，我曾經對這六千位老師逐一介紹學思達，日復一日、年復一年，講了上千次。

這樣的介紹，幾乎成了我教學時負擔最重的工作，因為我要一個一個、一群一群人跟他們解釋，學生正在做什麼、什麼是學思達、為什麼要學思達。一開始完全從零開始，每天重複講、一講再講，有一段時間我經常講到喉嚨都沙啞，學思達上課老師喉嚨是不會沙啞的，但是我為了要解釋學思達給來觀課老師，時不時就喉嚨沙啞。

而且學思達的隨時開放教室，忽然就做出了「最高標準」，因為不管你做什麼創新教學，請和學思達一樣，隨時開放教室，讓大家檢驗。不管教學創新是不是學思達，只要能開放教室，而且能夠感動人，讓大家可以看到最真實的現場，對臺灣教育也會有很大助益，形成良性開放教室的風氣。

2.主動出擊

開放教室，一開始並不一定會有人來觀課，所以當時我就決定「**主動出擊**」。我告訴我自己，如果為了要推廣一個新理念，守株待兔是不夠的，我必須化被動為主動，必須主動出擊，所以剛開放教室的頭一年，我告訴大家，只要在臺北，有人邀請我去演講，我就會去講，有沒有演講費都無所謂，其他地方也是如此，只要提供給我交通費即可，我就這樣講了一年，沒收演講費，而且我告訴我自己，即使我沒有任何資源，我照樣能夠推動學思達，因為我不需要任何經費，這樣我就能立於不敗之地，沒有經費我照樣可以推動！

所以一開始免費演講，免費辦工作坊，是我認為很重要的策略，先主動出擊去介紹學思達。

3.掌握自己的宣傳與串聯的工具

當學思達漸漸引起關注，接下來就是我認為最重要的關鍵：「**我必須掌握自己的宣傳與串聯的工具**」。

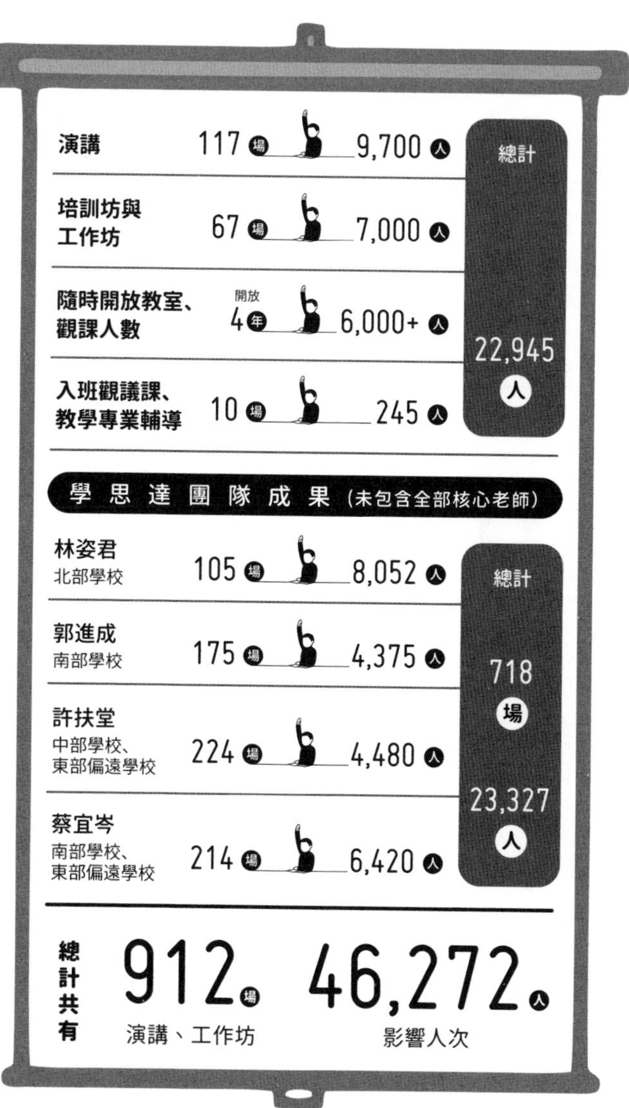

圖十九：一步一腳印的學思達演講與工作坊
（統計自 2013～2017 年 7 月）

我很快發現臉書有強大的串聯功能。所以一開始我的串聯工具就是臉書，從我自己的臉書開始，同時又依附「均一教育平台」的社群開始，後來又和郭進成老師合創「學思達教學社群」，從我的臉書，到我們兩人創立的「學思達教學社群」，目前社群已經超過四萬位老師，從一兩個人到四萬人，共花了四年時間。（同時社群又再細分出去，目前大約有十幾個學思達分支社群，分別與各自專業學科有關〔如地理科、美術科、全民國防科等〕，各個地區、各個國家也都會另行組成一個學思達教學社群。）

當學思達擁有自己的串聯工具，串聯起愈來愈多人之後，我們就同時擁有了自己的宣傳工具。這也是為什麼我可以不接受臺灣任何電視臺、報紙、雜誌的採訪和報導，因為學思達不需要那樣的宣傳管道，我們要改變的是臺灣填鴨教育，目標客群很單純且集中，就是臺灣教育現場的老師，一旦我們有了自己的臉書四萬多人教師社群，就可以更有效率的傳達我們的訊息。另外一層原因就是，學思達並不是將所有掌聲和光芒集中在一位或某幾位特定的老師身上，而是這些成熟的學思達老師將自己全部會的東西都分享出來，將自己變成階梯，讓後來的老師站在學思達老師的階梯上，一個勝過一個、一代勝過一代——

這才是學思達的核心精神。

4.建立教學支援系統、打造共同教學語言

隨時開放教室、掌握串聯與宣傳工具之後，教學技術和方法的分享與共享就顯得迫切重要，於是我們又建立了一個「學思達講義分享平台」。

學思達教學的關鍵之一，就是學思達講義。學思達講義製作又相對辛苦，怎麼辦？只要老師可以將做好的分享出來，其他老師就可以共享，自然而然就會變成無私分享的系統。但是講義要放在什麼地方才好呢？這時候就迫切需要一個講義分享平台，我把這個需求告訴方新舟董事長，他請誠致教育基金會的工程師幫我們做出來的一個平台，幫了學思達老師們極大的忙，教師集體智慧的交流與累積也就能夠不斷發生。

而且學思達打造出一套「教學共同語言」，這些共同的語言，只要學思達老師湊在一起，就會大聊特聊，聊起學思達各種操作細節、方法、流程與機制，甚至各式創發，以及

學思達的價值觀、重視哪些東西，相互去觀課，馬上就知道要觀看什麼重點。同時學思達老師知道「師生對話」的重要性，又把輔導心理學的薩提爾拉進來；知道「設計問題」、「設計課程」很重要，又帶入ＯＲＩＤ、布魯姆；知道「科技」重要，又帶入翻轉教室，各式各樣的專業教學術語、教學新著，開始在學思達老師之間開始進行傳遞、閱讀與討論，而不是我看了你的教學，只能驚嘆教得真好，但是不知道如何討論，學思達打造出一套教師可以進行教學對話的語言。

5.結合各方資源

雖然學思達一開始就是沒有任何資源，可以立於不敗之地，而且一開始我也很堅持用苦行僧的精神來推廣，但到後來要開始擴大影響力的時候，這樣的做法就漸漸讓學思達遇到瓶頸。

遭遇瓶頸時，最先主動對學思達伸出援手的是一位民間企業家——方慶榮董事長，三年前他和助理自行來到中山女高觀課，觀課後，他在教室外走廊對我說：「張老師，我看了你的教學很感動，你一定要堅持下去，我以一個企業家的角度來向你保證，你這樣的教學方式才是對臺灣的下一代是有利的。今天我會成功，就是我以前唸初中時，有兩個老師用類似你的方法來教他，而且還沒有你好，希望你可以堅持下去。你需不需錢的幫忙，如果需要，我可以幫你。」我當時很堅定回答：「董事長，我一毛錢都不需要，我一個人就可以改變臺灣的填鴨教育。」

那個當下，我突然想起第一個主動希望可以和學思達合辦工作坊的高雄市教師會沒有經費，當時他們想在高雄舉辦一場兩天的學思達工作坊，我旋即對方董說：「董事長，高雄市教師會缺經費，您可以幫助他們。」沒想到方董事長馬上就捐了三十萬還是五十萬給他們，讓他們得以順利舉辦全臺灣第一場兩天的學思達工作坊。

這件事又過了一年，某一天來了一位政治大學退休的企管系教授，觀課後，他希望可以和我聊一下，我們在司令臺後的花園椅子上聊了一個多小時，他用專業角度跟我分析：「張老師，從企管的角度來看，你一個人推廣學思達就只能做到這樣，這已經是極限，很了不起了，你必須轉型，否則你就會過勞，而且徒勞無功。」我當時很震驚：「哇！老師你怎麼會知道我已經過勞了！」他說：「開玩笑，我的專業是企管！張老師，你要開始轉型了！」

我當時做了決定就是，不能再單打獨鬥，必須結合各種資源。

沒想到方慶榮董事長一年後又再度找我吃飯，他說：「張老師，我觀察你一年了，你沒有問題，但是你需要幫助了。」我說：「謝謝董事長，我現在真的需要幫助。」於是他匯了一筆不少的經費，匯進誠致教育基金會（基金會方新舟董事長也是長期扶植學思達），做為學思達推廣基金，而且經費使用透明又公開。然後公益平台基金會嚴長壽董事長也開始幫助學思達，聘了一位助理朱敏慈小姐，專責幫忙處理學思達的各種行政事宜，有了敏慈的加入，學思達的發展更加快速。（公益平台基金會的義工又幫忙製作了「學思達官網」，將學思達所有資源整合在一起。）

接著，學思達又開始主動且積極和臺灣各種組織，包括教師會、校長、企業家、官方資源、其他教師社群連結（學思達也主動和全臺灣最大的教師社群「溫老師備課 Party」合辦「溫式效應」大型工作坊，全臺灣前兩大教師教學社群合作，意味著臺灣第一線老師的自主性能量終於出現，這種能量為什麼很重要，因為我一直認為，只有第一線的老師才能夠真正解決第一線老師的問題），學思達從一開始我一個人單打獨鬥，漸漸有了一個團隊，結合各方資源，形成愈來愈大的力量。

6.創新擴散理論下的目標群標定

「創新擴散理論」告訴我，任何創新者只有二點五％，早期接受者只有一三點五％。因此如果我要擴大影響力，最簡單的方法就是做到兩個重點：一是想辦法招喚出這一六％的老師；二是擴大母數，這一六％的數量就能變得更多。

例如有些老師會問我：「張老師，你做學思達，那你的學校會有多少人做學思達？」我回答：「我的學校有多少老師做學思達？大概十來個。但是我覺得已經很不錯了，因為我們學校老師有兩百位左右，依照創新擴散理論，創新者只有二%，也就是四位老師左右，若是早期採用是一三點五%，那就是有二十七位老師左右，至少我達到一半的目標了。」

但如果我的目標群從我的學校兩百位老師，換成全臺灣十六萬老師，那麼人數就會激增，創新者是二%，就變成三千兩百位老師左右；早期採用是一三點五%，那就會有兩萬一千六百位老師左右。所以我對自己設下的目標就是，用十年時間去影響全臺灣一〇%的老師，也就是一萬六千名老師了，一萬六對我來講，我花十年只要能夠做到這個數字，我就覺得成功了——這是我目前的目標，可能也是

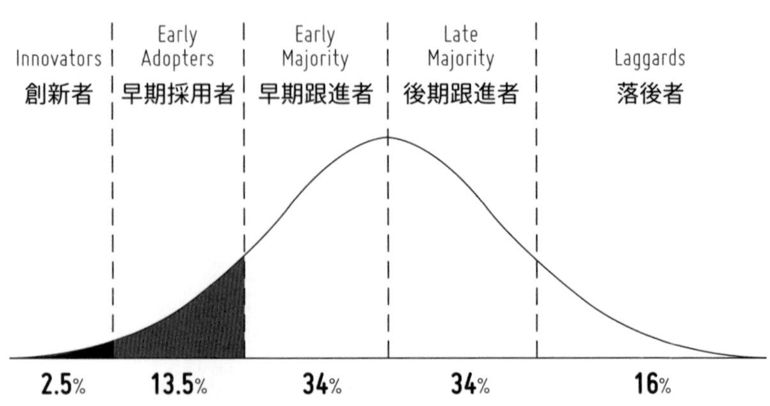

圖二十：創新擴散理論下的目標群標定

我的能力極限，我認為有可能可以做到，至於後面的九〇%，我還有很多年可以慢慢思考，如何從達到的一〇%老師，再往前推進一步，進展到二〇%、甚至三〇%。

7.出口轉內銷

在教育領域，不知何故，臺灣教育圈很迷信外國的教育成果，像跑馬燈一般的外國教育風潮引入臺灣，一波未平一波又起，前仆後繼，我自己很清楚這些所謂外國教育成果想要改變臺灣的填鴨教育問題，成效幾乎是微乎其微。不是說這些外國教育成果不好，而是橘逾淮而成枳，外國教育成果有太多是不同國家的背景資源支持著，單一個體而抽離開母國，到臺灣之後很快就會發現適應不良、半途夭折。

但我也從中看到一個有趣之處，既然臺灣教育圈迷信國外教育成果，所以我推廣學思達就刻意讓它先在國外成功，我可以讓學思達「**出口轉內銷**」。

巧合的是學思達剛開放教室不久，就有新加坡南華中學的校長、主任和老師來觀課，觀課之後，他們就馬上邀請我到新加坡演講，我那時敏銳察覺到，新加坡的PISA成績評比都在臺灣前面，如果讓學思達先在新加坡成功，那對臺灣老師來說，說服力又強大了！所以我馬上接受邀請，到新加坡演講，前前後後共十次，舉辦過工作坊、培訓過老師，擔任過駐校顧問，一起和老師們觀課、議課、共備、指導，最後他們也做到了隨時開放教室、可以自行舉辦學思達公開授課、工作坊。現在，我可以不用再去新加坡了，因為他們已經可以自己培養出學思達老師——換句話說，我只要做一個模式出來，學思達就可以進入自動運轉，我就可以離開它；現在我也在香港做這件事情，學思達只要打造出一個自轉模式，它就會在這個模式裡面不斷運轉。

新加坡成功之後、馬來西亞也跟著成功，我就有更多底氣讓學思達「出口轉內銷」，於是我又學思達又轉回臺灣，開始不斷擴散與深耕。

8.學思達的深化與多元擴散

學思達一開始最困難的挑戰，就是體制內的老師必須面對統一教材、統一進度，以及統一成績的考驗。學思達若是沒有辦法克服這幾個一開始的難題，就撼動不了體制內真正的關鍵問題和僵化結構。

學思達成功克服上述的困難之後，接下來的困難又會變成如何讓學思達不斷深化，於是學思達老師又開始結合薩提爾、結合翻轉教室（這也是為什麼學思達跟臺灣均一教育平台有合作，和大陸洋蔥數學也有合作的主因）、結合各式各樣的教學創新與創意。而且一旦學思達成功之後，老師們就又可做出多元且截然不同的創新教學，而且會遠遠超出我的能力範圍之外，我覺得這個「後出轉精」的現象非常迷人。

在我看來，學思達不是什麼了不起的東西，而是學思達在固若金湯的填鴨城堡當中，鑿破一個洞、搭出一道橋梁，讓體制內的老師有機會從傳統的、封閉的、填鴨的、單向的教學模式，通過這座橋梁之後，就可以改變教學，然後走向一個全新的教學新天地。

接下來我還要讓學思達不斷往各種新領域擴散，學思達現在已經從幼兒園的小小班到小、中、大班都能成功運用，而且國小、國中、高中，甚至大學，以及各學科都可以運用。例如在二〇一七年十二月「學思達第二屆亞洲年會」，有兩個特別的新秀來分享，一位是中山醫學大學牙醫系余權航教授，余教授不但從頭學習學思達、實踐學思達、製作學思達講義，甚至更開始在牙醫教育圈當中分享學思達，將學思達帶入師生素質幾乎都是最頂尖的醫學教育。

另外一位是六十五歲的邱桂珍阿嬤，在小學當故事義工。她在網路上看了我分享的學思達演講影片之後，馬上改用學思達方式講故事，得到小學生很好的反應與回饋，促使她主動隨時開放教室給大家看。

除此之外，學思達也受邀到商業公司，訓練它們的內部企業員工培訓。也就是說，我認為只要有教學存在的地方，就有學思達生根發芽的機會，而我要做的，就是不斷開拓學思達進到更多不同的領域，嘗試更多的可能性。

9.學思達專班

目前進行學思達教學的老師，大多分散在各地、各校、各科、各班。但我相信，學思達老師會愈來愈多，多到總有一天會出現在同一所學校，人數超過一個班的任課教師量，然後大家有志一同，就一起開出「學思達教學班」。

我任教的中山女高，目前已經有十來位老師或多或少採用學思達方式上課。其中，年輕的數學科李昌澤老師最早來觀課，馬上回到現場實驗，上學期末他邀請我去觀課，看完，我覺得很棒。我馬上想到，可以成立學思達教學班了。我向吳麗卿校長報告，校長很同意也非常支持學思達教學班的想法，旋即進入落實成形階段。先是在新生說明會，我對所有新生和家長們公開說明成班原因與徵選方式，錄取三十八位學生，採自由報名，人數超過，則採抽籤決定。自由報名，是通過認同學思達教學理念的家長和學生自願報名參加，日後就能避免因不了解或誤解而引發的反彈狀況，造成師生無謂對抗或衝突；抽籤決定，則是讓學思達教學班，有別於資優教育，因為沒有經過特殊篩選，只要認同，就有機會加入。

正式公告徵選辦法之後至截止日，有七十五位同學報名加入學思達教學班。

學思達教學班，具有什麼特殊意義？

第一，這是第一次，臺灣學生和家長終於有機會可以自由選擇，選擇有別於傳統單向式講述之外的不同教育方式，而且是在體制內，不是體制外。

第二，學思達教學班讓創新教學的老師有機會聚在一起，把力量集中，和認同同樣理念的學生和家長，一起創造出最大的教學新成果。

學思達教學班，第一年全部採用學思達的科目，雖然只有國文和數學，但同時又加入了創新教學的物理科陳沛嶠老師、生物科蔡任圃老師、英文科張勝勇老師。第二年，又加入了英文科洪碧遠老師，讓學思達教學班愈來愈成熟。

我相信，這只是第一班，將來還會有第二班、第三班、第四班，一直到遍地開花，成為臺灣教學新風貌。一旦學思達專班愈來愈多之後，學思達學校就會自然而然出現。

催生一間又一間的學思達學校，就是我們的重要目標。

18

傳承

學思達如何觀課

學生在課堂上是學習的主人，但老師更是整堂課的設計者、導演。

觀課時只觀看學生在課堂上的自學、討論、發表等等樣貌，甚至貼近組內，聆聽學生們的討論方式、內容、技巧、能力等等——在我看來都只是表面樣貌；觀課老師其實更應該深入的是：老師「如何」順利、成功引領學生進入「成為學習的主人之方法、過程與機制」。

因此，學思達觀課時著重在什麼地方？關鍵就在：授課老師「如何設計」？「如何引領」？「如何實踐」？所以觀課時的重點不在學生，而在老師。謹依觀課前後，說明如下：

觀課之前的準備

1.最好事先了解老師採用何種教學法，這種教學法有何特色

學思達教學現場通常會要求觀課老師先看文章或影片，對學思達有初步了解之後，比較不會有霧裡看花之感。

2.觀看老師如何設計「講義」

如果事先可以拿到開放教室授課老師的上課內容及學思達講義，研究一下老師如何設計講義？如何設計問答題？問答題是屬於何種認知目標？這些問題想要訓練學生什麼能力？每個問題之間的先後關聯為何？為什麼要補充多出的資料？老師如何用專業素養判斷出何者需要注解？如何注解到學生可以自己看得懂？……請注意，若是事先拿不到講義，

這些過程就在觀課的課堂上完成。學思達開放教室的老師也應該主動提供給觀課老師，像我就會多印講義給來觀課的老師，這也是為什麼有些授課老師會希望觀課老師能事前能先知會的原因之一，可以多印講義——所以，我常說學思達是還沒觀課就已經開始觀課了，甚至已經知道課堂教學的一半內容了。這一點很特殊，同時也會和學思達共備的新形式有關，稍後再詳談。

3.課堂觀課

又可分為幾項重點：

一**是觀看老師如何「主持」**。觀課第一步驟，是看老師（講話語氣、聲調高低、身心狀態、表情、動作變化等等），如何主持課堂的學習節奏、次序和儀式，如何營造熱烈、嚴肅、靜定各式各樣的學習氣氛。

二**是觀看老師如何「班級經營」**。學思達讓學生進入動靜分明的學習節奏感：自學時安靜、討論時充滿聲響、發表時一動數靜……，老師要如何在動、靜交替之間，巧妙地用「言語」、「小道具」、「機制」來讓上課節奏流暢變換，這些都是觀課的重點，而且與班級經營大有關聯。

三是觀看老師如何「引導」和「統整」。每一回合完整學思達歷程都包括：自學、思考、討論、發表（學生）、統整（老師）。每一個歷程，都需要老師的「引導」，學生不會自學、不會思考、不會（或不想）討論、不會（或排斥）發表，都需要老師的引導幫助。所以，無論是在講義的編寫、言語的鼓勵與支持、機制的設計與激勵，都能看出老師隱藏其間的引導之力。另外，當學生發表之後，老師的統整表達的能力如何，有沒有辦法迅速歸納學生們的發表內容重點、思維脈絡、思考方式，有沒有辦法在最短的時間立基於學生自學能力、討論內容之上，再行加深、加廣、加高，讓學生的學習與理解更上一層樓！

四是觀看老師如何「輔導」。一旦學生出現學習狀況，如：自學時不自學、討論時同學出現磨擦、討論時不討論淨顧聊天、發表時一句話不肯說、同學發表時底下學生不專心聆聽、學生倒頭睡著……，這些都可觀看學思達老師如何「輔導」。

我常說，學生出現各種問題，就是向老師拋出求救訊號，學生需要的是更強大的老師輔導能力來幫助。這時候也是老師展現輔導能力的最佳時刻，如果老師到最後只會責怪學生、抱怨學生不好，那就是通過責怪和抱怨來「掩飾自己能力之不足」。不足怎麼辦？趕緊增能啊！而且學思達最後一定會形成一個龐大互助支援系統——這樣大家就知道，另一學思達共備重點，一定是個案討論，用大家的力量一起來幫助個別老師，去面對原本他們必須獨自去面對的問題學生。

五是觀看「學生的學習狀況」。可以看全班的所有學生、個別學生皆可，不用整節課只單看一組。

觀課之後的議課

如果開放教室的學思達老師有空，就可以議課（有些學思達老師希望一定要有議課，這樣也更好）；如果沒有，也不用強求喔。

議課重點又是什麼呢？就是在教學現場觀察到所有重點：講義內容（講義補充、問題設計）、老師整體狀態（主持、引導、反應、統整、輔導），提出優長之處，給老師鼓勵；詢問授課老師，有哪些是表面觀課看不到的機制，隱藏在表面的學習之下；也能分享看到問題，提出看到的不足之處，加以討論，授課老師可以提出解釋，說明困難。授課老師一開始可能覺得難堪，但學思達更強調直接面對問題，想辦法，解決問題，問題可調整機制解決嗎？還是可以到學思達社群尋求大家的建議，再試圖解決問題？讓自己變得愈來愈好！這才是我認為的學思達觀課與議課的方式。（文末附上「學思達觀課表」供教師參考）

迴響：臺北市光復國小黃彩霞老師——我的學思達成長之路

在開始學思達之前，我只是一個平凡、膽小、保守且滿足現狀的老師。要說我有什麼優點，應該就只是想法正向，及不願浪費時間糾結在不美好的人事物上吧！每當我遇到困難或挫折時，我想到的不是難過或放棄，我會思考如何找到更好的方法與出路，讓自己變得更好，讓自己往更高處去，跳脫目前的泥淖。

還記得第一次與輝誠老師連繫後，受到很大的鼓舞，確認自己的方向正確後便更放心地投入學思達教學。第一次接到的任務是一〇四學年度寒假一開始的私立復興小學講座，當時的我嚇壞了，整整緊張了三個月，講座前一個星期甚至無法正常吃睡。當天早上三小時的分享結束後，感覺是整個人虛脫了，大吃大睡了一場。當時我心想，我的第一次學思達分享就在名校且是百人大場，輝誠老師真勇敢，怎麼不怕我砸鍋啊！但經過這場我想以後除了國語實小，我應該都敢去嘗試。

沒想到我的想法竟然被輝誠老師感應到了，一〇四學年度下學期才開學，輝誠老師就私訊給我，請我到國語實小分享。當時我真是害怕極了，輝誠老師安慰我：別害怕，妳有一學期可以慢慢準備。但我不是花一學期準備，我是花了整整一學期在緊張。還好後來分享過程很順利，真是謝謝大家的鼓勵和包容。結束後，我心裡又想：經過這一場，以後臺灣的小學，我應該都敢去講了。後來，我所在的學校成立了校內學思達社群，我也首次接受雜誌採訪，並參與了年會新秀分享，一整年下來，扎實地走穩每一步，珍惜每一次小小的新嘗試，感覺自己不斷地在成長及進步中。

一〇五學年度下學期一開始，我果然又接到更大的挑戰。這次的任務是要一個人搭飛機到上海台校進行一天半的公開課、觀議課和講座。我這個大路癡從未自己搭過飛機，更沒有自己出過國，加上還要做第一次的公開課。剛聽到時，真是差點嚇昏了，這次連我先生也跟著緊張。輝誠老師說：這是學思達老師必經的成長之路！於是我只好咬牙接受這樣的挑戰，而先生也答應假日時飛到上海陪我，讓我安心許多。事後回想，真心感謝有這樣的機會，讓我能認識上海臺校的一群超棒的好夥伴。

經過這些鍛鍊，讓膽小、依賴且容易緊張的我，漸漸較能適應到各地分享的工作。過去的我，只在乎我教得夠不夠好、夠不夠多、學生考試成績夠不夠高？我從來不知道，原來教書的成就感是來自於：有沒有成就自己的學生、有沒有建立學生未來所需的能力、將來學生能不能將所學在需要的時候展現出來。謝謝學思達，更謝謝輝誠老師，讓教書即將滿二十年的我，重拾了教學初衷與熱情，讓我有機會不斷自我成長，有能力成就更多的學生和優秀的老師們！

附錄一

學思達教師核心能力：精進參考對照表

學思達老師可依照各自能力與教學歷程，自行核對，瞭解自己還可以如何精進。

		初階	中階	高階	核心
學思達講義	使用	○	○		
	修改		○		
	自行製作			○	○
學思達講義內容品質	普通	○	○		
	精良		○		
	優秀			○	○
學思達五步驟流程	部分穿插使用	○			
	全課堂使用		○	○	○
教師主持	生疏	○			
	流暢		○		
	精練			○	○
師生應對	平淡	○			
	溫和		○		
	充滿愛、包容與尊重			○	○

		初階	中階	高階	核心
班級經營	普通	○			
	互動佳		○	○	○
	狀態佳			○	○
	動靜自如			○	○
最終學業成績及能力表現	持平	○	○		
	進步			○	○
	卓越				○
開放教室	定期		○		
	隨時			○	○
	校內		○	○	○
	校外			○	○
學思達推廣	校內演講（三小時以下）		○	○	○
	校外演講（三小時以下）			○	○
	國外演講（三小時以下）				○
	校內工作坊（三小時以上）		○	○	○
	校外工作坊（三小時以上）			○	○
	國外工作坊（三小時以上）				○

附錄二

學思達連結與資源

一、學思達相關資源、社群與報導

1. 學思達官網：

2. 學思達社群：

3. 學思達講義分享平台（ShareClass）：

4. 學思達相關報導與公開教學影片：

二、學思達相關演講影片

1. 2016 國際名人論壇：

   張輝誠：用學思達教學翻轉臺灣教育

2. 張輝誠 TED x Taipei 演講：

   為臺灣學生打造的全方位教學策略：學思達教學法

3. 張輝誠 2014 翻轉教室工作坊：

   學思達教學法（共五集）

4. 張輝誠學思達工作坊：（共四集）

5. 張輝誠演講：學思達如何推廣

學習與教育 BKEE0187P

學思達增能

張輝誠的創新教學心法

國家圖書館出版品預行編目（CIP）資料

學思達增能：張輝誠的創新教學心法／張輝誠著．
-- 第一版．-- 臺北市：親子天下，2018.01
336 面；14.8×21 公分．--（學習與教育；187）
ISBN 978-957-9095-28-0（平裝）

1. 教學法

521.4　　106024267

作　　者｜張輝誠
責任編輯｜黃麗瑾、劉政辰（特約）
版型、製圖、封面設計｜江孟達工作室
內頁排版｜張靜怡
行銷企劃｜林育菁

天下雜誌群創辦人｜殷允芃
董事長兼執行長｜何琦瑜
媒體產品事業群
總經理｜游玉雪
總監｜李佩芬
版權專員｜何晨瑋、黃微真

出 版 者｜親子天下股份有限公司
地　　址｜台北市 104 建國北路一段 96 號 4 樓
電　　話｜(02) 2509-2800　傳真｜(02) 2509-2462
網　　址｜www.parenting.com.tw
讀者服務專線｜(02) 2662-0332　週一～週五：09:00~17:30
讀者服務傳真｜(02) 2662-6048
客服信箱｜bill@cw.com.tw
法律顧問｜台英國際商務法律事務所・羅明通律師
製版印刷｜中原造像股份有限公司
總 經 銷｜大和圖書有限公司　電話：(02) 8990-2588

出版日期｜2018 年 1 月第一版第一次印行
　　　　　2021 年 9 月第一版第九次印行
定　　價｜340 元
書　　號｜BKEE0187P
I S B N｜978-957-9095-28-0（平裝）

訂購服務
親子天下 Shopping｜shopping.parenting.com.tw
海外・大量訂購｜parenting@cw.com.tw
書香花園｜台北市建國北路二段 6 巷 11 號　電話：(02) 2506-1635
劃撥帳號｜50331356 親子天下股份有限公司